Lotus Notes Domino 7

Systemadministration: Umstieg von Version 6.x

Mein Dank gilt René Worm und Peter Naumann für das fachliche Lektorat des Manuskripts. Gisela Fuchs danke ich für die orthographisch-grammatikalischen Korrekturen.

Elmar Fuchs

Lotus Notes Domino 7

Systemadministration: Umstieg von Version 6.x

Bibliografische Information Der Deutschen Bibliothek:
Die Deutsche Bibliothek verzeichnet diese Publikation in der deutschen Natio-
nalbibliografie; detaillierte bibliografische Daten sind im Internet über
<http://dnb.ddb.de> abrufbar.

ISBN 3-8334-5308-7

© 2006 Elmar Fuchs

Herstellung und Verlag: Books on Demand GmbH, Norderstedt

Inhaltsverzeichnis

1. Einführung

Stichworte

Wie ist die Unterlage aufgebaut? Welche Formatierungen werden verwendet? Welche Software wird eingesetzt? Welche Voraussetzungen benötige ich für das Verständnis der Unterlage? Welche Vorteile bietet die Version 7 von Lotus Notes Domino?

Themen

➢ Aufbau der Unterlage
➢ Leistungsmerkmale der Version 7 von Lotus Notes Domino

Lernziel

➢ Überblick über die neuen Funktionen der Version 7

Voraussetzungen

➢ Administrationskenntnisse unter Lotus Notes Domino 6.x

Ihre Anmerkungen

1.1.   Zur Unterlage

Aufbau der Unterlage

Die Unterlage besteht aus einzelnen Kapiteln, wobei mehrere als Bereich zusammengefasst sein können. Ist dies der Fall, erfolgen entsprechende Hinweise im Inhaltsverzeichnis und im Einführungskapitel.

Auf der ersten Seite jedes Kapitels erhalten Sie über dieses einen Überblick. Es werden die Stichworte, die Themen, das Lernziel sowie die benötigten Voraussetzungen dargestellt.

Im Anschluss wechseln in den einzelnen Unterkapiteln theoretische Ausführungen und praktische Anweisungen einander ab. Auf jeder Seite steht Ihnen eine Randspalte für individuelle Anmerkungen und Hinweise zur Verfügung.

Am Ende fast aller Kapitel werden die wichtigsten Punkte noch einmal unter dem Stichwort "Zusammenfassen und Vertiefen" aufgelistet.

Wenn es der Inhalt des Kapitels ermöglicht, schließt sich daran ein Übungsteil an.

Formatierungen

Die Unterlage verwendet folgende Formatkonventionen:

FILE / SAVE	Für Menüpunkte werden Groß-buchstaben verwendet.
BENUTZERVORGABEN Die Schaltfläche OK Die Task RNRMGR	Kapitälchen werden für die Beschriftungen von Dialogboxen, Bezeichnungen von Schaltflächen usw. (sowohl vom Programm vorgegeben als auch vom Entwickler bestimmt) und für die Kennzeichnung von festen Begriffen innerhalb eines Programms genutzt.
c:\temp	Kursiver Text kennzeichnet Pfad-

http://www.notes.net Adresse	und Dateiangaben, Internetadressen sowie Bezeichner von Masken, Ansichten, Variablen usw.
`NOTES.INI`	Namen von einzelnen Dateien sind kursiv und in Großbuchstaben geschrieben.
`tell router quit` `Dim i as Integer`	Die Schriftart Courier New wird für Befehlseingaben und Programmausdrücke verwendet.
`<NameDesServers>`	Durch konkrete Angaben zu ersetzende Platzhalter stehen in spitzen Klammern.
`[F1]`	Tasten werden in eckigen Klammern dargestellt.

Das Symbol des Zeigefingers steht für Achtung. Es weist auf Gefahren und mögliche Probleme hin.

Das Symbol der Brille steht für Hinweise und zusätzliche Informationen.

Das Symbol der Kerze steht für Tipps und besonders effektive Vorgehensweisen.

Ihre Anmerkungen

Zielsetzung

Der Lehrgang erläutert die Vorteile der Version 7 im Vergleich zu den Vorgängerversionen und stellt die wesentlichen Punkte im Detail vor. Nach der Beendigung des Kurses sind Sie in der Lage, eine Notes Domino 7 Umgebung unter Verwendung der neuen Funktionen zu administrieren.

Voraussetzungen

Sie besitzen sichere Kenntnisse in der Administration von Lotus Notes Domino in der Version 6.x.

Verwendete Software

Die Unterlage basiert auf der englischen Version Lotus Notes Domino 7.0 sowie der Version IBM Lotus Instant Messaging Limited Use von Sametime jeweils unter Windows XP bzw. Windows Server. Als Netzwerkprotokoll wird TCP/IP mit festen IP-Adressen verwendet.

1.2. Vorteile der neuen Version

Die neue Version Lotus Notes Domino 7.0 bietet eine Vielzahl von Vorteilen. Entsprechend der Releasestrategie von IBM handelt es sich in erster Linie um ein Serverrelease. Obwohl es eine Anzahl von Verbesserungen und neuen Funktionen im Notes Client gibt, liegt damit der Schwerpunkt der Neuerungen auf dem Domino Server. Im Folgenden wird eine Auswahl kurz vorgestellt:

Spamvermeidung und -behandlung

Die Vermeidung und der Umgang mit unerwünschter Mail (Spam) ist heute ein Hauptproblem bei der Administration einer Notes Domino Umgebung. In der Version 7 gibt es eine Vielzahl von neuen Möglichkeiten für diese Problematik. Neben den bereits in der Version 6 unterstützten DNS Blacklist-Filtern können Sie nun auch DNS Whitelist-Filter sowie private Blacklist- und Whitelist-Filter definieren. Des Weiteren stehen neue Aktionen für Mailregeln zur Verfügung.

Mail und Kalender

Die Verwaltung der Räume und Ressourcen erfolgt durch die neue Server-Task RNRMGR. Daneben kann für alle Benutzer eine zentrale Signaturerweiterung, ein so genannter Disclaimer festgelegt werden.

Die Mailarchivierung ist neu gestaltet. Die Benutzerschnittstelle ist übersichtlicher und es stehen dem Administrator neue Möglichkeiten bei der Definition der Richtlinien für Archivierungseinstellungen zur Verfügung.

Benutzeradministration

Eine Verbesserung der Benutzeradministration bieten die Erweiterungen bei den Richtlinien (Policies). Die Mail- und Kalendervorgaben können über das neue Mail-Einrichtungsdokument (Mail-Setting) zentral vom Administrator gesteuert werden. Des Weiteren ist es möglich, die getroffenen Vorgaben in den Einstellungsdokumenten vor Veränderungen der Benutzer zu schützen.

Weitere Verbesserungen betreffen, neben anderen, die Verwaltung der Roaming User, sowie die Durchführung des Smart Upgrades.

Serverüberwachung

Die Überwachung der Server ist eine der Hauptaufgaben eines Domino Administrators. Mit der Einführung des Domino Domain Monitoring (DDM) steht erstmals eine zentrale Datenbank zur Verfügung, in der alle Informationen über den Zustand der Server einer Domäne gesammelt werden können. Probleme werden detailliert in verschiedenen Ansichten darge-

Ihre Anmerkungen

stellt. Für die Fehlerbehebung erhalten Sie Vorschläge mit möglichen Maßnahmen.

Die Konfiguration des DDM erfolgt zusammen mit Ereignisgeneratoren und -handlern in der Datenbank *EVENTS4.NSF.*

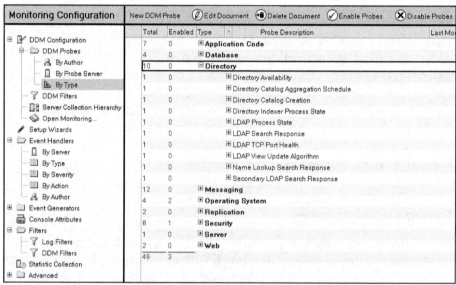

Konfiguration von DDM - Standardproben

Performance

Die Verbesserungen im Bereich Performance sind allein ein Grund, der ein Upgrade auf die Version 7 sinnvoll erscheinen lässt. Die Anforderungen an die Hardware sind in der neuen Version wesentlich geringer. Somit ist es möglich, mehr Anwender mit der gleichen Hardware zu betreuen. IBM gibt für die CPU-Auslastung unter Windows eine Verringerung um 50% im Vergleich zur Vorgängerversion an. Konnten vorher also zum Beispiel 3.000 Anwender versorgt werden, reicht diese Hardwarekapazität in Version 7 für ca. 4.500 Anwender. Unter Suse Linux ist die Steigerung noch deutlicher. Hier werden im Vergleich ca. 9.000 Anwender angegeben.

Beachten Sie dabei, dass die Größe der Mailschablone um 3 MB von 13 MB auf 16 MB zugenommen hat. Somit kann ein Server zwar mehr Anwender unterstützen, benötigt jedoch zeitgleich ebenfalls mehr Plattenspeicher. Als Lösung dieser Problematik bietet sich die Verwendung der mit Version 6 eingeführten Zentralschablone (Single Copy Template) an.

Unterstützte Betriebssystem-Plattformen

Die seit der Version 6.5 im Notes Client integrierten Instant Messaging Funktionen Onlinestatus (Awareness) und Chat werden jetzt in Domino Web Access unterstützt.

Da der Domino 7 Administrator unter Linux/Mozilla läuft, besteht zum ersten Mal die Möglichkeit, eine reine Linux Umgebung zu verwenden. Der Domino Server kann in diesem Fall unter Suse Linux Enterprise Server Version 8 oder 9 auf einem Computer mit einer Intel 32 Architektur oder auf einer zSeries Maschine installiert werden. Für die Clients nutzen Sie analog zum Administrator Client einen Computer mit Linux/Mozilla. Als Schablone können Sie Domino Web Access einsetzen.

DB2 Integration

Neben der Speicherung der Daten im Format *.nsf* kann Domino 7 die Daten auch in DB2 Datenbanken ablegen. Alle Funktionen, einschließlich Replikation, Sicherheit und Verwaltung der Datenbank arbeiten wie gewohnt.

Für den Anwender ist die Datenspeicherung in DB2 komplett transparent, er bemerkt keinen Unterschied. Für Domino Entwickler ergeben sich mit den Query Views neue Möglichkeiten im Zugriff sowohl auf Domino Daten als auch auf Daten anderer relationaler Datenbanken. Umgekehrt können externe Datenbanksysteme über so genannte DB2 Access Views auf die Domino Daten zugreifen.

Ihre Anmerkungen

Ihre Anmerkungen

Die DB2 Integration ist im Release 7 enthalten. Support bietet IBM jedoch nur für ausgewählte Großkunden. Alle anderen können die Funktionen nutzen, sind jedoch in Problemfällen auf sich selbst gestellt.

Domino Web Access (DWA)

DWA profitiert ebenfalls von den bereits genannten Performancesteigerungen. Daneben wurden die Oberfläche überarbeitet und die Steuerungsmöglichkeiten für Administratoren verbessert. Im Konfigurationsdokument des Servers steht unter dem Register DOMINO WEB ACCESS eine Vielzahl von neuen Einstellungsmöglichkeiten zur Verfügung.

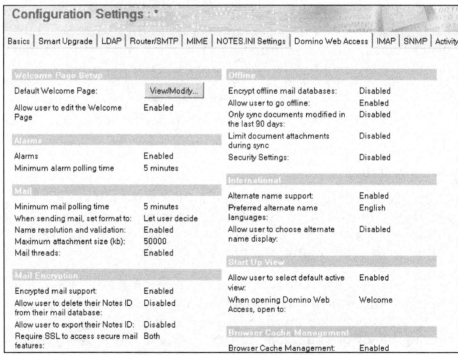

Ausschnitt der Konfigurationseinstellungen für DWA

Sametime 7

Gleichzeitig mit dem Versionswechsel in Notes Domino wurde dieser in Sametime ebenfalls vollzogen. Speziell für den Einsatz mit Domino gibt es die Version IBM Lotus Instant Messaging Limited Use. Diese unterstützt die im Notes Client integrierten Funktionen Onlinestatus (Awareness) und Chat. Beschränken Sie sich auf diese Funktionen, ist keine separate Lizenzierung für Sametime neben der Domino Lizenz notwendig.

Wollen Sie weitere Leistungsmerkmale des Sametime Servers, wie zum Beispiel die Web Konferenz nutzen, müssen Sie eine volle Sametime Lizenz erwerben.

Ihre Anmerkungen

Ihre Anmerkungen

2. Installation des Domino Server

Stichworte

Was ist eine automatische Installation? Was ist eine Antwortdatei? Wie erstelle ich eine Antwortdatei? Existiert für die Antwortdatei eine Vorlage? Kann ich selbst eine Vorlage für eine Antwortdatei erstellen? Wie führe ich eine Automatische Installation mit einer Antwortdatei aus? Was ist eine Expressinstallation?

Themen

➢ Automatische Installation vorbereiten
➢ Automatische Installation ausführen
➢ Expressinstallation

Lernziel

➢ Kenntnisse der Installationsmöglichkeiten des Domino Servers in der Version 7

Voraussetzungen

➢ Administrationskenntnisse in Lotus Notes Domino
➢ Kenntnisse im Umgang mit Konsolenbefehlen im Kommandozeilenfenster

2.1. Einen Domino Server aufsetzen

An der prinzipiellen Vorgehensweise zum Aufsetzen eines Domino Servers hat sich im Vergleich zu den Vorgängerversionen nichts geändert. Im ersten Schritt wird der Server installiert und im zweiten konfiguriert.

Bei der Installation unter Windows fällt auf, dass die Installationsroutine von InstallShield verwendet wird. Diese basiert auf Java.

Für die Installation in der Version 7 werden neben den bekannten zwei zusätzliche Verfahren angeboten:

> ➢ Die automatische Installation
> ➢ Die Expressinstallation

Der sich an die Installation anschließende Konfigurationsprozess ist unverändert.

Im Unterschied zu früheren Versionen wird die Datenbank *SETUP.NSF* nicht mehr für die Konfiguration verwendet. Das Rücksetzen eines Servers zur Neukonfiguration kann jedoch nach wie vor durch die Reduzierung der Datei *NOTES.INI* erzwungen werden. Löschen Sie zu diesem Zweck alle Einträge außer den Zeilen:

```
[Notes]
Directory=<DataVerzeichnis>
KitType=2
NotesProgramm=<ProgrammVerzeichnis>
InstallType=4
```

Ihre Anmerkungen

2.2. Automatische Installation

Installation ohne Installationsassistent

In der Version 7 von Lotus Notes Domino ist es Ihnen möglich eine automatische oder auch stille Installation durchzuführen. Die Angaben, welche bei der Installation mit dem Assistenten eingegeben werden, zum Beispiel der Installationspfad, oder ausgewählt, zum Beispiel der Servertyp, bezieht die Installationsroutine bei einer stillen Installation aus einer Antwortdatei. Eine Überwachung des Installationsvorgangs ist somit nicht notwendig.

Die Erstellung einer Antwortdatei ist auf zwei verschiedenen Wegen möglich. Zum einen kann sie bei einem Installationsvorgang unter Verwendung des Installationsassistenten aufgezeichnet werden. Andererseits ist es möglich, sie manuell als Textdatei auf Basis einer Schablonendatei zu erstellen. Der Vorteil der manuellen Erstellung besteht darin, dass dies möglich ist, ohne dabei einen Domino Server zu installieren. Das Risiko dieser Methode sind versehentliche Schreibfehler in der Datei, welche eine erfolgreiche Installation bei ihrer Verwendung verhindern. Nutzen Sie die Aufzeichnungsmethode zur Erzeugung der Antwortdatei, können Sie Schreibfehler ausschließen. Sie sind jedoch gezwungen, zumindest für einen Server den Installationsassistenten auszuführen.

Die Standardschablone für eine Antwortdatei

Das Domino Installationskit enthält bereits eine Antwortdatei, die Sie als Muster verwenden können. Die Datei befindet sich im Installationsverzeichnis und heißt *SAMPLE_RESPONSE.TXT*. Jede einzelne Option ist ausführlich kommentiert und wird an Hand von Beispielen erläutert. Die folgende Abbildung zeigt die Festlegung des Installationspfades für das Programm.

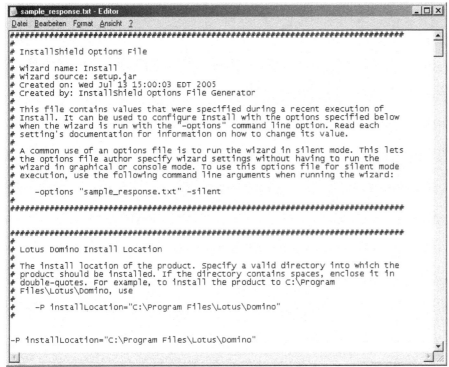

Ausschnitt aus der Standardschablone für eine Antwortdatei

Alle Zeilen die mit dem Zeichen # beginnen sind Kommentare.

✓ Passen Sie die restlichen Zeilen an Ihre Gegebenheiten an, um die Standardschablone zur Installation zu verwenden.

Oder

✓ Wollen Sie die Originalschablone erhalten, erstellen Sie zuerst eine Kopie und passen Sie danach diese an.

Eine Schablone für eine Antwortdatei erstellen

Wollen Sie die Standardschablone nicht verwenden, können Sie über die Aufzeichnungsmethode eine eigene Schablone erzeugen. Auf Basis dieser Schablone erstellen Sie danach die benötigte(n) Antwortdatei(en).

✓ Öffnen Sie ein Kommandozeilenfenster.
✓ Wechseln Sie in das Verzeichnis, in dem sich die Domino Installationsdateien befinden.

✓ Geben Sie folgenden Befehl ein
```
setup -options-template
<PfadUndDateinameSchablonendatei>
```

Den Platzhalter `<PfadUndDateinameSchablonendatei>` erset-zen Sie dabei mit der Verzeichnisangabe und dem Namen und der zu erzeugenden Schablonendatei.

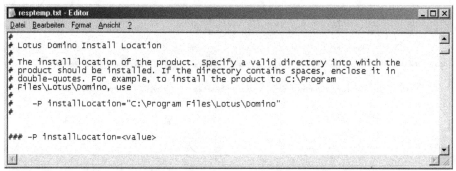

Ausschnitt aus einer über die Option `-template` *erzeugten Schablonendatei*

Wie Sie der Abbildung entnehmen können, sind die Befehls-zeilen durch die Zeichen ### auskommentiert. Um aus der Schablonendatei eine Antwortdatei zu erstellen, entfernen Sie diese Zeichen am Anfang der Zeilen und passen die Inhalte an Ihre Anforderungen an.

Eine Antwortdatei aufzeichnen

Wie schon ausgeführt, birgt die Verwendung und manuelle Be-arbeitung einer Schablone das Risiko von Schreibfehlern. Wollen Sie dieses ausschalten zeichnen Sie die Antwortdatei bei der Installation eines Servers auf.

✓ Öffnen Sie ein Kommandozeilenfenster.
✓ Wechseln Sie in das Verzeichnis, in dem sich die Domino Installationsdateien befinden.
✓ Geben Sie folgenden Befehl ein
```
setup -options-record
<PfadUndDateinameAntwortdatei>
```

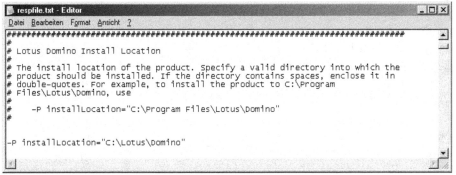

Ausschnitt aus einer aufgezeichneten Antwortdatei

Die Befehlszeilen sind in der Antwortdatei nicht auskommentiert. Eine manuelle Bearbeitung ist nicht notwendig. Sie können mit Hilfe der Antwortdatei sofort eine automatische Installation ausführen.

Die automatische Installation ausführen

Für die Ausführung einer automatischen Installation rufen Sie das Programm *SETUP.EXE* unter Angabe der Antwortdatei auf.

✓ Öffnen Sie ein Kommandozeilenfenster.
✓ Wechseln Sie in das Verzeichnis, in dem sich die Domino Installationsdateien befinden.
✓ Geben Sie folgenden Befehl ein
  ```
  setup -silent -options
  <PfadUndDateinameAntwortdatei>
  ```

Während der Installation erfolgt weder eine Anzeige noch eine Ausgabe auf dem Monitor. Die Erstellung der Verknüpfung auf dem Desktop ist die einzige wahrnehmbare Aktivität. Blinkt der Cursor wieder im Kommandozeilenfenster ist die automatische Installation abgeschlossen.

Der Aufruf von `setup -silent` führt eine Installation mit den Standardwerten und -optionen aus.

Ihre Anmerkungen

2.3. Expressinstallation

Die Expressinstallation bietet die Möglichkeit einer Installation mit vorgegebenen Auswahloptionen. Die Installation läuft damit schneller ab. Zum Abschluss der Installation wird im Dialogfenster eine Schaltfläche zum Start des Servers angezeigt.

Gleichzeitig gibt es einige Einschränkungen:

➢ Eine Anpassung der Installation über das Optionsfeld CUSTOMIZE ist nicht möglich. Sie können lediglich zwischen den drei Optionen DOMINO UTILITY SERVER EXPRESS, DOMINO MESSAGING SERVER EXPRESS und DOMINO COLLABORATION SERVER EXPRESS wählen.
➢ Die Installation eines partitionierten Servers ist nicht möglich.

Gehen Sie folgendermaßen vor, um eine Expressinstallation auszuführen:

✓ Öffnen Sie ein Kommandozeilenfenster.
✓ Wechseln Sie in das Verzeichnis, in dem sich die Domino Installationsdateien befinden.
✓ Starten Sie die Expressinstallation durch die Eingabe des Befehls
```
setup -express
```

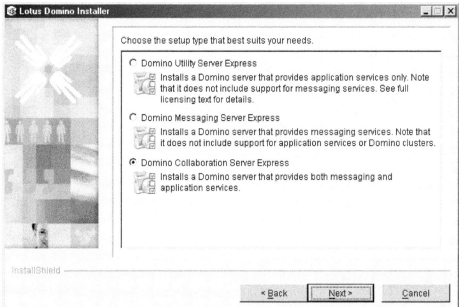

Expressinstallation mit eingeschränkten Auswahlmöglichkeiten

Um eine Expressinstallation für einen Domino Server ausführen zu können, benötigen Sie das vollständige Installationskit. Im Web-Kit ist diese Art der Installation nicht verfügbar.

2.4. Zusammenfassen und Vertiefen

Domino 7 ermöglicht die Durchführung einer automatischen Installation ohne Verwendung des Installationsassistenten.

Als Vorlage für eine automatische Installation dient die Datei *SAMPLE_RESPONSE.TXT*.

Über den Aufruf `setup -options-template <Schablonen-datei>` können Sie eine eigene Schablone erstellen.

Ihre Anmerkungen

Eine Antwortdatei erzeugen Sie mit dem Aufruf `setup -options-record <Antwortdatei>`.

Sie führen eine automatische Installation über den Befehl `setup -silent -options <PfadUndDateinameAntwortdatei>` aus.

Die Expressinstallation bietet die Möglichkeit einer Installation mit vorgegebenen Auswahloptionen. Eine Anpassung der Installation und die Installation eines partitionierten Servers sind dabei nicht möglich.

2.5. Übungen

Erstellen Sie eine Antwortdatei zur Installation eines weiteren Servers. Öffnen Sie die Datei im Editor und kontrollieren Sie die Einstellungen. Installieren Sie unter Verwendung der erstellten Antwortdatei einen weiteren Server.

Führen Sie eine Expressinstallation durch.

3. Benutzeradministration

Ihre Anmerkungen

Stichworte

Welche Windows Versionen werden von Notes 7 unterstützt? Was ist das Notes PlugIn? Wie steuere ich zentral die Maileinstellungen der Benutzer meiner Maildomäne? Wie verhindere ich, dass Benutzer im Einstellungsdokument getroffene Festlegungen an ihrem Client verändern können? Kann ich eigene Regeln für die Erstellung der zu verwendenden Passwörter definieren? Wie schreibe ich Werte in die Datei *NOTES.INI* und in das Arbeitsumgebungsdokument der Benutzer? Welche Verbesserung gibt es in der neuen Version für die automatische Clientaktualisierung mit der Funktion Smart Upgrade? Wie kann ich den Smart Upgrade Prozess kontrollieren? Welche Veränderung gibt es bei der Umbenennung von Benutzern? Wie unterdrücke ich die Abfrage zur Aktualisierung eines Notes Client bei einem nachträglich eingerichteten Roaming User?

Themen

- ➢ Verfügbare Plattformen für Notes 7
- ➢ Richtlinien: Einstellungsdokumente für Mail und Kalender
- ➢ Richtlinien: Sperren von Einstellungen
- ➢ Richtlinien: Passwortregeln
- ➢ Smart Upgrade
- ➢ Umbenennung von Benutzern
- ➢ Wandernde Benutzer (Roaming User)

Lernziel

- ➢ Kenntnis der neuen Funktionen der Benutzerverwaltung in Notes Domino 7

Voraussetzungen

- ➢ Umfassende Kenntnisse der Benutzeradministration unter Notes Domino 6

Ihre Anmerkungen

3.1. Notes Plattformen

Standard Notes Client

Sowohl der Notes Client als auch der Administrator und der Designer Client laufen auf Windows 2000 Professional und Windows XP Professional. Den Notes Client können Sie auch auf der Plattform Windows XP Tablet PC Edition betreiben. Ältere Windows Versionen werden nicht offiziell unterstützt.

Zu einem späteren Zeitpunkt (nicht für die Version 7.0) plant IBM einen Notes Client für den Macintosh.

Neu in der Version 7 ist die Möglichkeit den Web Administrator in einem Mozilla Browser unter Linux laufen lassen zu können. Damit ist es möglich, Notes Domino in einer reinen Linux Umgebung zu betreiben.

Notes PlugIn im Workplace Rich Client

Neben Lotus Notes Domino bietet IBM mit den Produkten rund um Workplace/WebSphere eine weitere Option für den Einsatz von Groupware. Im Gegensatz zu Lotus Notes Domino, das ein komplettes in sich geschlossenes Produkt darstellt, welches alle notwendigen Elemente selbst besitzt spielen bei Workplace/WebSphere eine Vielzahl von Produkten und Standards eine Rolle.

Die Grundlage bildet die Technologie von J2EE (Java 2 Enterprise Edition). Als Verzeichnis wird ein LDAP-Verzeichnis genutzt, die Daten werden in einer relationalen Datenbank, zum Beispiel DB2 abgespeichert. Als Client können ein Browser oder der so genannte IBM Workplace Managed Client genutzt werden. Letztgenannter basiert auf dem Eclipse Client.

Der Workplace Managed Client bietet die Flexibilität und Vorteile eines lokalen Client verbunden mit einer serverbasierten Verwaltung. Die Installation der Clients auf den lokalen Computern erfolgt über einen Provisioning Server. Dieser steuert, welchem Anwender welche Client-Funktionalität zugeordnet wird. Dabei stehen die Groupwarekomponenten Workplace Messaging, die Dokumentenverwaltung Workplace Documents,

Instant Messaging Komponenten und der Zugriff auf weitere Daten als nutzbare Elemente zur Verfügung. Der Workplace Managed Client kann analog zu Lotus Notes sowohl Online als auch Offline genutzt werden.

Ausführliche Informationen zum Workplace Managed Client finden Sie unter *http://www.lotus.com/products/product5.nsf/ wdocs/workplaceclienttech.*

In der Version 7 steht ein Notes PlugIn zur Verfügung, welches es Ihnen ermöglicht, den Notes Client als eine Komponente innerhalb des Workplace Managed Client zu betreiben. Momentan müssen dazu sowohl der Managed Client als auch der Notes Client auf dem lokalen PC installiert werden. In zukünftigen Versionen soll es möglich sein, das Notes PlugIn mit über den Provisioning Server zu verwalten und zu verteilen. Eine separate Notes Client Installation wird dann nicht mehr notwendig sein. Dies ermöglicht den Einsatz des Notes Clients auch in einer Linux Umgebung.

Der Artikel "Integrating Lotus Notes with IBM Workplace Client Technology" bietet einen Überblick über die Einsatzmöglichkeiten des Notes PlugIns im Workplace Managed Client (*http://www-128.ibm.com/developerworks/lotus/library/notes-wct-plugin/*).

Ihre Anmerkungen

Ihre Anmerkungen

3.2. Erweiterungen bei Richtlinien

Richtlinien

Seit der Version 6.x unterstützt Lotus Notes Domino die Richtlinienbasierte Administration. Diese ermöglicht die zentrale Vorgabe und Verwaltung einer Vielzahl von Einstellungen der Notes Clients der Benutzer. Für die einzelnen Bereiche werden Einstellungsdokumente (Settings) erstellt, welche in einer Richtlinie (Policy) zusammengefasst werden. Richtlinien können dabei entweder als Organisationsrichtlinien für ausgewählte Organisationsstufen innerhalb der hierarchischen Namensstruktur oder unabhängig von dieser als explizite Richtlinien erstellt werden.

Über die Einstellungsdokumente können Festlegungen für folgende Bereiche getroffen werden:

> - Sicherheit (SECURITY)
> - Konfiguration (SETUP)
> - Registrierung (REGISTRATION)
> - Desktop (DESKTOP)
> - Archivierung (ARCHIVING)

Eine Steuerung der Einstellungen des Bereichs Mail und Kalender ist in der Version 6.x nicht möglich.

Einstellungsdokumente für die Mailvorgaben

In der Version 7 können Sie eine Vielzahl der Einstellungen der Bereiche Mail, Kalender und Aufgaben über das Einstellungs-dokument MAIL zentral steuern und verwalten. Es gibt jedoch einige Unterschiede im Vergleich zu den anderen Einstellungs-dokumenten, welche es zu beachten gilt. Die Einstellungen betreffen nicht direkt den Notes Client des Benutzers, sondern dessen Maildatenbank. Sie haben damit auf alle Clienttypen Auswirkung, egal ob der Benutzer den Notes Client, Domino Web Access oder Domino Web Access für Outlook verwendet. Des Weiteren werden die Einstellungen bzw. an diesen vorge-nommene Änderungen nicht sofort wirksam. Per Standard werden die im Einstellungsdokument getroffenen Festlegungen alle 12 Stunden vom Administrationsprozess in die Maildaten-banken der Benutzer übertragen. Dieser Prozess kann durch die Eingabe des Befehls

```
tell adminp process mailpolicy
```

auf der Serverkonsole beschleunigt werden. Dennoch kann es eine geraume Zeit in Anspruch nehmen, bevor die Benutzer die aktualisierten Einstellungen sehen.

✓ Öffnen Sie das Serverdokument des Servers, der das Adressbuch der zu der konfigurierenden Maildomäne verwaltet.

✓ Wechseln Sie auf das Register PEOPLE & GROUPS.

✓ Wählen Sie den Eintrag SETTINGS.

✓ Erstellen Sie über den Menüpunkt ACTIONS / ADD SETTINGS / MAIL ein neues Einstellungsdokument für die Maileinstellungen.

✓ Bestätigen Sie die Warnmeldung bezüglich der Versionen vor 4.67a mit JA.

✓ Legen Sie auf dem Register BASICS einen Namen und eine Beschreibung für das Einstellungsdokument fest.

✓ Nehmen Sie auf den Unterregistern MAIL, CALENDAR & TO DO sowie ACCESS & DELEGATION des Registers MAIL PREFERENCES die gewünschten Einstellungen vor.

✓ Speichern und schließen Sie das Einstellungsdokument.

✓ Ordnen Sie das Einstellungsdokument einer Richtlinie zu.

Ihre Anmerkungen

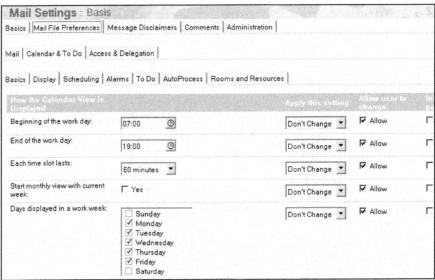

Festlegung der Kalenderanzeige im Einstellungsdokument vom Typ MAIL

Die mit dem Register MESSAGE DISCLAIMERS verbundenen Möglichkeiten werden im Kapitel *4.2 Disclaimer* dieser Unterlage behandelt.

An einer Vielzahl von Stellen können Sie über das Kombinationsfeld APPLY WITH SETTING bestimmen, ob und wann die getroffenen Einstellungen berücksichtigt werden sollen. Es stehen Ihnen dabei drei Möglichkeiten zur Auswahl:

> DON´T CHANGE: Bei Auswahl dieses Eintrags wird die Einstellung nicht beachtet. Der Benutzer kann seine eigene Festlegung treffen.
> ALWAYS: Die Aktivierung dieses Eintrags sorgt dafür, dass bei jeder Ausführung des Prozesses ADMINP die Maildatenbank der Benutzer mit den im Einstellungsdokument getroffenen Regelungen aktualisiert werden.
> INITIALLY: Wählen Sie diesen Eintrag, wenn die im Einstellungsdokument getroffenen Regelungen nur bei der Neuerstellung von Maildatenbanken Anwendung finden sollen.

Einstellungen sperren

In der Version 6 konnten die Benutzer einen Großteil der in den Einstellungsdokumenten vom Administrator getroffenen Einstellungen im Laufe einer Arbeitssitzung verändern. Nach dem nächsten Start des Notes Clients fanden Sie wieder die Administratoreinstellungen vor. Diese Situation war für beide Seiten unbefriedigend.

In der Version 7 können die Vorgaben der Desktop- und der Mail-Einstellungsdokumente durch den Administrator gesperrt werden. Eine Veränderung durch die Benutzer ist damit nicht mehr möglich.

Bereits in der Version 6 bestanden Möglichkeiten, vereinzelte Vorgaben der Einstellungsdokumente zu sperren. Diese bestehen in der Version 7 unverändert.

Die Umsetzung der Sperrung ist in den beiden Einstellungs-dokumenten unterschiedlich realisiert. Im Desktop-Einstel-lungsdokument erfolgt die Sperrung auf Basis der einzelnen Register des Dokuments.

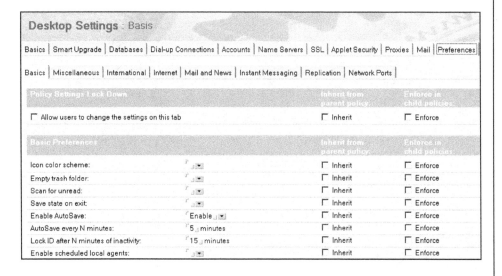

Benutzer können in der obigen Abbildung die Einstellungen nicht ändern, da das Kontrollfeld ALLOW USERS TO CHANGE THE SETTINGS ON THIS TAB deaktiviert ist.

✓ Öffnen Sie das Desktop-Einstellungsdokument.
✓ Wählen Sie das Register, für welches Sie die Einstellungen vornehmen wollen.
✓ Aktivieren Sie das Kontrollfeld ALLOW USERS TO CHANGE THE SETTINGS ON THIS TAB wenn die Benutzer die auf dem jeweiligen Register getroffenen Einstellungen an ihren Clients ändern dürfen.

In einem Einstellungsdokument vom Typ MAIL wird die Sperre für jede Einstellung einzeln vorgenommen.

In einigen Registern ist die Sperrung über die Einstellung ALLOW USERS TO CHANGE THE SETTINGS ON THIS SECTION auf Bereiche eingeschränkt.

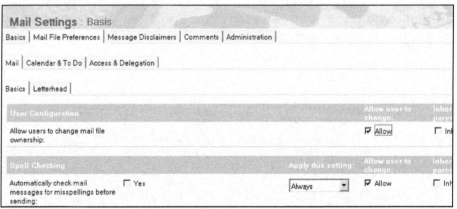

Aktivierung der Rechtschreibprüfung vor dem Senden einer E-Mail

---

✓ Öffnen Sie das Mail-Einstellungsdokument.
✓ Wählen Sie das Register, für welches Sie die Einstellungen vornehmen wollen.

✓ Aktivieren Sie das Kontrollfeld ALLOW wenn die Benutzer die jeweilige Einstellung verändern dürfen
✓ oder
✓ Deaktivieren Sie das Kontrollfeld um die Einstellung zu sperren.

Beachten Sie, dass bei der gemeinsamen Auswahl der Einstellungen APPLY THIS SETTING: DON´T CHANGE und ALLOW aktiviert die aktuelle Benutzereinstellung festgeschrieben wird ohne dass der Benutzer dies später ändern kann.

Die Benutzer erkennen die getroffenen und gesperrten Einstellungen in den Benutzervorgaben durch ausgegraute Kontrollfelder oder das Symbol eines Schlosses 🔒 .

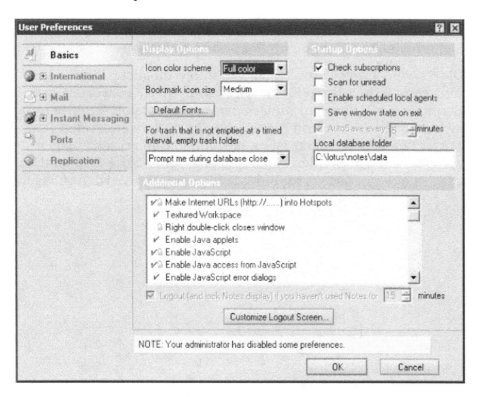

Ihre Anmerkungen

Ihre Anmerkungen

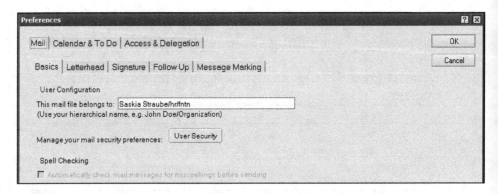

In den Benutzervorgaben der Maildatenbank erfolgt ein zusätzlicher Hinweis.

Gesperrte Eingabefelder, zum Beispiel im Arbeitsumgebungsdokument, werden als Nur-Lese-Felder dargestellt.

Sicherheitseinstellungen für Passwortregelungen

Die Version 7 von Lotus Notes Domino ermöglicht Ihnen, eine sehr genaue Richtlinie für die Erstellung der Passwörter Ihrer Benutzer zu definieren. Im Gegensatz zur Version 6 können Sie nicht nur die Länge und die Stärke der zu verwendenden Passwörter bestimmen. Jetzt ist es möglich detailliert festzulegen, wie viele Ziffern, Sonderzeichen, großgeschriebene Buchstaben usw. in einem Passwort mindestens verwendet werden müssen

Ihre Anmerkungen

Security Settings : Basic

Basics | Password Management | Execution Control List | Keys and Certificates | Comments | Administration |

Password Management Basics | Custom Password Policy |

Custom Options		Inherit from parent policy	Enforce in child policies
Change Password on First Notes Client Use	No	☐ Inherit	☐ Enforce
Allow Common Name in Password	Yes	☐ Inherit	☐ Enforce
Password Length Minimum	characters	☐ Inherit	☐ Enforce
Password Length Maximum	characters	☐ Inherit	☐ Enforce
Password Quality Minimum		☐ Inherit	☐ Enforce
Minimum Number of Alphabetic Characters Required		☐ Inherit	☐ Enforce
Minimum Number of UpperCase Characters Required		☐ Inherit	☐ Enforce
Minimum Number of LowerCase Characters Required		☐ Inherit	☐ Enforce
Minimum Number of Numeric Characters Required		☐ Inherit	☐ Enforce
Minimum Number of Special Characters Required		☐ Inherit	☐ Enforce
Minimum Number of Non-LowerCase Characters Required	characters of	☐ Inherit	☐ Enforce
		☐ Inherit	☐ Enforce

Festlegung der zu verwendenden Zeichen in einem Passwort im Sicherheits-Einstellungsdokument

---

✓ Erstellen Sie ein Sicherheits-Einstellungsdokument.

✓ Vergeben Sie auf dem Register BASICS einen Namen.

✓ Wählen Sie auf dem Register PASSWORD MANAGEMENT auf dem Unterregister PASSWORD MANAGEMENT BASICS im Feld USE CUSTOM PASSWORD POLICY FOR NOTES CLIENTS den Eintrag YES. Nach der Auswahl wird das Unterregister CUSTOM PASSWORD POLICY angezeigt.

✓ Nehmen Sie die gewünschten Einstellungen vor.

✓ Ergänzen Sie weitere benötigte Einstellungen auf den anderen Registern des Dokuments.

✓ Speichern und schließen Sie das Sicherheits-Einstellungsdokument.

Bei der Nutzung der angepassten Vorgaben für Benutzerpasswörter müssen Sie einige Punkte beachten:

➢ Die Passwort-Kontrolle muss im Serverdokument aktiviert werden.

➢ Über ein Sicherheits-Einstellungsdokument muss geregelt werden, dass das Internetpasswort bei einer Änderung des Notes Passworts mit aktualisiert wird (UPDATE

Ihre Anmerkungen

INTERNET PASSWORD WHEN NOTES CLIENT PASSWORD CHANGES).

➢ Die zufällige Passwortgenerierung kann nicht genutzt werden.

➢ Mehrfachpasswörter sind nicht möglich. Wollen Sie ausgewählte ID-Dateien mit Mehrfachpasswörtern schützen, verwenden Sie für diese ID-Dateien ein anderes Sicherheits-Einstellungsdokument.

Einstellungen in die *NOTES.INI* und das Arbeitsumgebungsdokument der Benutzer schreiben

Bereits in der Version 6 bestand durch eine undokumentierte Funktion die Möglichkeit, Werte in die Datei *NOTES.INI* sowie in die Arbeitsumgebungsdokumente der Benutzer zu schreiben. In der Version 7 wird diese Funktion nun offiziell unterstützt.

Um die Einstellungen vorzunehmen, werden einem Desktop-Einstellungsdokument Werte hinzugefügt. Dafür muss der Name des Parameters bzw. des Feldes des Arbeitsumgebungsdokuments bekannt sein.

Verwenden Sie für einen *NOTES.INI* Wert den Präfix $Pref und den Namen des Parameters, z.B. $PrefIM_Disabled. Als Wert weisen Sie den gewünschten Wert des Parameters zu. Für eine Einstellung im Arbeitsumgebungsdokument verwenden Sie analog das Präfix LocAll und den Feldnamen, also z.B. LocAllReplicationEnabled. Über einen Agenten können Sie die einzelnen Werte im Desktop-Einstellungsdokument erstellen.

Wenn Sie in der Maske des Desktop-Einstellungsdokuments Felder erstellen, sind diese in allen Desktop-Einstellungsdokumenten vorhanden. Beachten Sie des Weiteren, dass sie bei einer Aktualisierung der Gestaltung verloren gehen.

3.3. Smart Upgrade

Verbesserungen im Smart Upgrade

Für die Durchführung eines Smart Upgrade zur Aktualisierung der Benutzer Clients auf eine neue Version müssen Sie drei Dokumente bearbeiten:

> ➢ Das Konfigurationsdokument des Servers
> ➢ Das Kitdokument in der Datenbank Smart Upgrade
> ➢ Das Desktop-Einstellungsdokument zur Zuordnung des Upgrade Kits

In allen drei Dokumenten finden sich in der neuen Version Verbesserungen. Daneben bestehen erweiterte Möglichkeiten bei der Verfolgung und Auswertung durchgeführter Upgrade-prozesse.

Server Konfigurationsdokument

Im Server Konfigurationsdokument gibt es jetzt ein eigenes Register für die Einstellungen des Smart Upgrades. In das Feld SMART UPGRADE DATABASE LINK fügen Sie wie in der Version 6 eine Datenbankverknüpfung auf die Smart Upgrade Daten-bank mit den Update Kits ein.

Neu ist der so genannte Smart Upgrade Governer. Dieser ermöglicht eine Steuerung der maximal zeitgleichen Upgrade-prozesse auf einem Server. Nach der Aktivierung im Feld LIMIT CONCURRENT SMART UPGRADE können Sie im Feld MAXIMUM CON-CURRENT DOWNLOADS die maximal mögliche Anzahl gleichzeiti-ger Downloads festlegen.

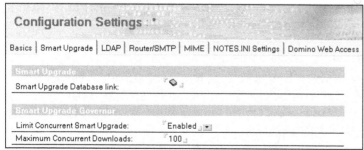

Aktivierung des Smart Upgrade Governer

Ist die Auslastungsgrenze erreicht und ein Benutzer versucht einen Aktualisierungsprozess zu starten, erhält er eine Mitteilung, dass dies momentan nicht möglich ist. Nach dem Ablauf einer Stunde wird automatisch ein neuer Versuch gestartet. Da der Downloadprozess in der Version 7 im Hintergrund läuft, kann der Benutzer weiterarbeiten.

Zur Kontrolle des Smart Upgrade Governer stehen zwei neue Konsolenkommandos zur Verfügung:

➢ `sucache refresh` - aktualisiert die diesbezüglichen Informationen
➢ `sucache show` - zeigt aktuelle Statistiken zum Governer

```
> sucache show
  Server.SmartUpgrade.Database = SmartUpgrade.nsf
  Server.SmartUpgrade.Database.ReplicaID = 0051A067:C1257154
  Server.SmartUpgrade.Governor = Enabled
  Server.SmartUpgrade.Users.Allowed = 0
  Server.SmartUpgrade.Users.Current = 0
  Server.SmartUpgrade.Users.Maximum = 100
  Server.SmartUpgrade.Users.Peak = 0
  Server.SmartUpgrade.Users.Rejected = 0
  8 statistics found
```

Anzeige der Statistikinformationen zum Smart Upgrade Governer

Smart Upgrade Kit

Das Dokument zur Beschreibung des Installationskits enthält eine Reihe von Detailverbesserungen.

Im Feld SOURCE VERSIONS können Sie jetzt reguläre Ausdrücke verwenden, um die zu installierende Version zu beschreiben. Ausführliche Informationen dazu enthält das Hilfedokument "Adding update kits to the Lotus Notes Smart Upgrade database" der Domino Administrator Hilfe.

Durch die Verwendung des Parameters `InstallType` der *NOTES.INI* des Notes Clients kann der Upgrade Prozess erkennen, welcher Client installiert ist und das benötigte Kit auswählen. Die Angabe NOTES CLIENT ONLY bzw. ALL CLIENTS ist nur für Versionen vor 6.0.5 notwendig.

Ihre Anmerkungen

In der Version 6 musste bei der Erstellung des Kit-Dokuments festgelegt werden, ob das Installationskit auf einem Netzwerklaufwerk oder als Anhang zum Kit-Dokument zur Verfügung stand. Durch die Option SHARED NETWORK DRIVE & ATTACHED KIT können in der Version 7 beide Möglichkeiten in einem Kit-Dokument zur Verfügung gestellt werden. Bei der Ausführung des Upgrade Prozesses wird zuerst der Zugriff auf das Netzlaufwerk versucht. Ist dieser nicht erfolgreich, wird das angehangene Installationskit verwendet.

Die Smart Upgrade Datenbank kann im Cluster genutzt werden.

Desktop-Einstellungsdokument

Im Desktop-Einstellungsdokument befinden sich die Einstellungen zum Smart Upgrade ebenfalls auf einem eigenen Register.

Eine Möglichkeit zur Kontrolle der Durchführung des Smart Upgrade Prozesses durch die Benutzer ist die Erstellung einer Report Datenbank. Mit der Einrichtung des ersten Servers wird bereits eine solche Datenbank mit dem Dateinamen *LNDSUTR.NSF* und dem Titel *LOTUS NOTES/DOMINO SMART UPGRADE TRACKING REPORTS* erstellt. Die Erstellung weiterer Report Datenbanken ist unter Verwendung der Schablone *LNDSUTR.NTF* möglich.

Ihre Anmerkungen

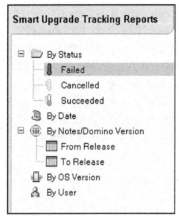

Gliederung der Smart Upgrade Tracking Report Datenbank

Für die Zustellung der Berichte wird eine Mail-In-Datenbank benötigt. Diese wird ebenfalls bei der Einrichtung des ersten Servers erstellt.

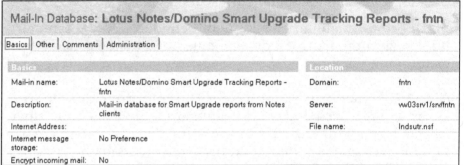

Mail-In-Datenbank für das Smart Upgrade Reporting

Nutzen Sie mehrere Report Datenbanken, müssen Sie für diese jeweils eine eigene Mail-In-Datenbank erstellen.

Um die Report-Datenbank zu aktivieren, tragen Sie im Desktop-Einstellungsdokument auf dem Register SMART UPGRADE im Feld MAIL-IN DATABASE FOR SMART UPGRADE TRACKING REPORTS den Namen der Mail-In-Datenbank ein.

| Desktop Settings : Update 701 | | Ihre Anmerkungen |

Basics | Smart Upgrade | Databases | Dial-up Connections | Accounts | Name Servers | SSL | Applet Security |

Smart Upgrade		Inherit from parent policy:
Deploy version:	7.0.1	☐ Inherit
Upgrade deadline:	16	☐ Inherit

Smart Upgrade Tracking Options		Inherit from parent policy:
Mail-in Database for Smart Upgrade Tracking reports:	Lotus Notes/Domino Smart Upgrade Tracking Reports - fntn	☐ Inherit
Remove Smart Upgrade Tracking files after a specified number of days		☐ Inherit
Number of days to keep Smart Upgrade Tracking files:	365	☐ Inherit

Festlegung der Mail-In-Datenbank für den Smart Tracking Report

Um eine permanente Vergrößerung der Datenbank zu verhindern, können Sie im Feld REMOVE SMART UPGRADE TRACKING FILES AFTER A SPECIFIED NUMBER OF DAYS den Eintrag YES wählen und im Feld NUMBER OF DAYS TO KEEP SMART UPGRADE TRACKING FILES eine Anzahl Tage bestimmen, nach deren Ablauf Reportdokumente automatisch gelöscht werden.

3.4. Benutzerverwaltung

Umbenennung von Benutzern

Administratoren können Benutzer im Administrator Client über den Menüpunkt PEOPLE / PEOPLE / RENAME umbenennen. Die eigentliche Umbenennung wird vom Administrationsprozess ausgeführt. Bevor die Umbenennung wirksam wird, muss der Benutzer zustimmen. Der Zeitraum der ihm dafür zur Verfügung steht, wird im Feld HONOR OLD NAMES FOR UP TO X DAYS festgelegt.

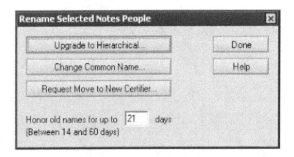

Erfolgt die Zustimmung nicht innerhalb dieses Zeitraums, wird der Umbenennungsprozess gestoppt und der alte Name weiterhin verwendet. Der Administrationsprozess macht die bereits vorgenommenen Änderungen rückgängig.

Diese bereits in der Version 6 zur Verfügung stehende Möglichkeit wurde in der Version 7 verbessert. Bevor die Umbenennung zurückgenommen wird, ist jetzt die Zustimmung des Administrators notwendig. Er kann der Rückbenennung zustimmen oder einen weiteren Zeitraum für die Zustimmung des Benutzers zur Umbenennung setzen. Dies verhindert eine versehentliche Nichtumbenennung für den Fall, dass ein Benutzer über einen längeren Zeitraum nicht auf seinen Notes Client zugreift und dadurch der Umbenennung nicht zustimmen kann.

Roaming User

Über den Menüpunkt PEOPLE / PEOPLE / ROAMING können Sie für einen registrierten Benutzer die Roaming-User Funktionalität einrichten. Der Benutzer erhält bei der nächsten Anmeldung ein Mitteilungsfenster angezeigt, in dem er bestimmen kann, ob er dieser Umwandlung zustimmt.

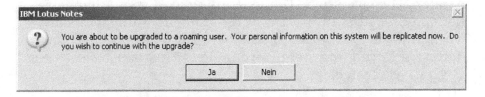

In der Version 7 besteht die Möglichkeit, dieses Mitteilungsfenster zu deaktivieren. Gehen Sie dazu folgendermaßen vor:

<table>
<tr><td>
✓ Öffnen Sie den Administrator Client.
✓ Rufen Sie den Menüpunkt PEOPLE / PEOPLE / ROAMING auf.
✓ Deaktivieren Sie im Bereich CLIENT UPGRADE OPTION das Kontrollfeld USER SHOULD BE PROMPTED.
</td><td>Ihre Anmerkungen</td></tr>
</table>

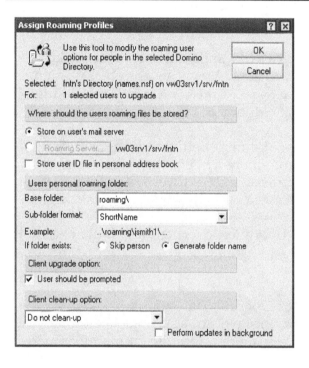

3.5. Zusammenfassen und Vertiefen

Alle drei Notes Client Typen laufen auf Windows 2000 Professional und Windows XP. Den Notes Client können Sie auch auf der Plattform Windows XP Tablet PC Edition betreiben. Ein Client für den Macintosh ist geplant. Der Web Administrator läuft in einem Mozilla Browser unter Linux. Für den Workplace Managed Client gibt es ein Notes PlugIn.

Für die Einstellungen im Bereich Mail und Kalender existiert ein neues Mail-Einstellungsdokument.

Einstellungen der Bereiche Desktop und Mail können gegen Veränderungen durch die Benutzer gesperrt werden.

Es können eigene Regeln für den Aufbau von Passwörtern festgelegt werden. Aktivieren Sie dazu im Sicherheits-Einstellungsdokument die Einstellung USE CUSTOM PASSWORD POLICY FOR NOTES CLIENTS.

In die *NOTES.INI* und die Arbeitsumgebungsdokumente können über eine Desktop-Richtlinie Werte geschrieben werden. Verwenden Sie die Präfixe $Pref und LocAll in Verbindung mit den Parameter- bzw. Feldnamen.

Im Server Konfigurationsdokument befinden sich die Smart Upgrade Einstellungen auf einem separaten Register SMART UPGRADE. Auf diesem können Sie den Governer zur Steuerung der maximal gleichzeitig möglichen Updateprozesse aktivieren.

Zur Kontrolle des Smart Upgrade Governer stehen die neuen Kommandozeilenbefehle sucache show und sucache refresh zur Verfügung.

Die Dokumente der Smart Upgrade Datenbank besitzen neue Felder und Möglichkeiten. Im Feld SOURCE VERSIONS können Sie jetzt reguläre Ausdrücke verwenden, um die zu installierende Version zu beschreiben. Je nach vorhandenem Clienttyp wird das benötigte Kit erkannt. Zur Bestimmung des Installationskits kann sowohl auf ein Netzwerklaufwerk als auch auf einen Anhang verwiesen werden.

Im Desktop-Einstellungsdokument für das Smart Upgrade können Sie eine Tracking Datenbank zur Aufzeichnung und Kontrolle der von den Benutzern durchgeführten Smart Upgrade Prozesse einrichten. Die benötigten Tracking und Mail-In-Datenbanken werden bei der ersten Konfiguration des Servers automatisch erzeugt. Die Erstellung weiterer Datenbanken ist möglich. Dabei benötigt jede Tracking Datenbank ihre eigene Mail-In-Datenbank.

Umbenennungen von Benutzern können im Falle der Nicht-Zustimmung durch den Benutzer vom Administrator wiederholt durchgeführt werden.

Die Abfrage zur Zustimmung bei der Umwandlung eines Benutzers in einen Roaming User kann unterdrückt werden. Deaktivieren Sie dazu das Kontrollfeld USER SHOULD BE PROMPTED im Dialogfenster ASSIGN ROAMING PROFILES.

Ihre Anmerkungen

3.6. Übungen

Erstellen Sie ein Mail-Einrichtungsdokument. Sperren Sie in diesem mehrere Einstellungsmöglichkeiten gegen Änderungen.

Aktivieren Sie die Funktion AUTOSAVE per Einstellungsdokument mit einem Zeitintervall von 10 Minuten. Verhindern Sie, dass die Benutzer die Einstellung verändern können.

Richten Sie den Smart Upgrade Prozess ein. Aktivieren Sie dabei den Governer sowie die Tracking Datenbank.

Führen Sie einen Umbenennungsprozess durch. Der Benutzer soll dabei die Umbenennung ablehnen.

Richten Sie einen Benutzer nachträglich als Roaming User ein. Unterdrücken Sie die Abfrage zur Zustimmung.

Ihre Anmerkungen

4. Mail und Kalender

Stichworte

Wie kann ich unerwünschte E-Mail automatisch ablehnen? Wie kann ich sicherstellen, E-Mail von bestimmten Hosts zu erhalten? Welche Aktionen können beim Erhalt einer unerwünschten E-Mail ausgeführt werden? Welche Statistiken gibt es für unerwünschte E-Mail? Was ist ein Disclaimer? Wie kann ich einen Disclaimer durch den Notes Client oder den Domino Server hinzufügen lassen? Was geschieht, wenn das Hinzufügen eines Disclaimer sowohl für den Client als auch den Server eingerichtet ist? Wie filtere ich durch Black- und Whitelists gekennzeichnete E-Mail in Mailregeln aus? Welche Neuerungen gibt es bei der Mail-Archivierung? Welche Aufgabe hat die neue Server-Task RnRMgr? Wie richtet man die automatische Erinnerung für gebuchte Ressourcen ein? Wie lässt sich die Buchbarkeit einer Ressource zeitlich einschränken? Was sind bevorzugte Räume und Ressourcen? Welche Neuerungen gibt es außer der neuen Schablone bei Domino Web Access? Gibt es Erweiterungen der LDAP Implementierung?

Themen

- ➢ Spamvermeidung mit Black- und Whitelists
- ➢ Statistiken zur Auswertung von Zugriffen auf Black- und Whitelists
- ➢ Disclaimer einrichten
- ➢ Disclaimer mit dem Notes Client oder dem Domino Server hinzufügen
- ➢ Disclaimer und Domino Web Access
- ➢ Filtern von gekennzeichneten E-Mail mit Mailregeln
- ➢ Abbruch der Abarbeitung von Mailregeln
- ➢ Mailarchivierung
- ➢ Ressourcenverwaltung
- ➢ Bevorzugte Räume und Ressourcen
- ➢ Konfiguration von Domino Web Access
- ➢ LDAP

Lernziel

Ihre Anmerkungen

> Kenntnisse der Möglichkeiten der Spamvermeidung und der neuen Administrationsmöglichkeiten für die Verwaltung von E-Mail
> Überblick über die Neuerungen in den Bereichen Domino Web Access und LDAP

Voraussetzungen

> Umfassende Kenntnisse der administrativen Aufgaben in den Bereichen Mail und Kalender

Ihre Anmerkungen

4.1. Spamvermeidung mit Black- und Whitelists

Spamvermeidung in der Version 6 - Neuerungen in Version 7

In der Version 6 von Lotus Notes Domino wurde die Möglichkeit der Nutzung von DNS-Blacklist zur Vermeidung von Spam eingeführt. Obwohl dies ein Ansatz zur Verhinderung des Erhalts unerwünschter E-Mail ist, sind mit der reinen Verwendung einer DNS-Blacklist einige Probleme verbunden:

> ➤ Der Inhalt der DNS-Blacklist wird von Ihrem Betreiber bestimmt. Sie können die Liste nur als Ganzes akzeptieren und verwenden. Sie besitzen keinen Einfluss auf die vorhandenen Einträge.
> ➤ DNS-Blacklists sind nicht immer aktuell. Einträge werden oft sehr schnell aufgenommen, jedoch erst nach langer Zeit wieder entfernt.
> ➤ Jede Überprüfung einer eingehenden E-Mail löst eine Anfrage bei dem externen DNS-Server aus.

In der Version 7 wurden die Funktionen zur Spamvermeidung wesentlich erweitert. Es besteht jetzt zusätzlich die Möglichkeit der Einrichtung von DNS-Whitelists sowie von privaten Black- und Whitelists.

Reihenfolge der Berücksichtigung der Listen

Zur Prüfung einer eingehenden E-Mail werden die verschiedenen Listen in dieser Reihenfolge genutzt:

1) Private Whitelist
2) Private Blacklist
3) DNS-Whitelist
4) DNS-Blacklist

Private White- und Blacklists verwenden ihre Einträge in der Reihenfolge ihrer Auflistung innerhalb der Felder des Konfigurationsdokuments des Servers. Wird der Name des SMTP-Hosts des Absenders in einer Liste gefunden, wird die für die Liste definierte Aktion ausgeführt. Die Prüfung wird danach abgebrochen. Eine Prüfung gegen die weiteren Listen erfolgt nicht. Einträge in einer privaten Whitelist überschreiben somit immer Einträge in einer privaten Blacklist. Das gleiche gilt für die Einträge in DNS-Listen.

Ist für einen Host die Relais-Steuerung (Relay Enforcement) deaktiviert, wird er nicht gegen Black- und Whitelists überprüft.

Aktionen für Einträge in Blacklists

Wird ein SMTP-Host in einer DNS- oder in einer privaten Blacklist gefunden, kann eine der folgenden Aktionen ausgeführt werden:

LOG ONLY Die E-Mail Nachricht wird angenommen. Der Hostname und die IP-Adresse des Absenders sowie der Name der Blacklist werden protokolliert.

LOG AND TAG MESSAGE Zusätzlich zu LOG ONLY wird dem Dokument das Feld $DNSBLSITE hinzugefügt. Als Wert enthält dieses den Namen der DNS-Blacklist welche den Host gelistet hat, den Namen und die IP-Adresse des Hosts oder, wenn der Host in der privaten Blacklist aufgeführt ist, den Eintrag PRIVATEBLACKLIST.

LOG AND REJECT MESSAGE Die Annahme der Nachricht wird abgelehnt. Es wird ein Protokolleintrag erstellt und die im Feld CUSTOM SMTP ERROR RESPONSE FOR REJECTED MESSAGES definierte Fehlermeldung ausgegeben.

Durch die Ausführung der Aktion LOG AND TAG MESSAGE gekennzeichnete E-Mails können mit Agenten oder mit Hilfe von Mailregeln weiter bearbeitet werden.

Ihre Anmerkungen

Aktionen für Einträge in Whitelists

Wird ein SMTP-Host in einer DNS- oder in einer privaten Whitelist gefunden, kann eine der folgenden Aktionen ausgeführt werden:

SILENTLY SKIP BLACKLIST FILTERS
Die E-Mail Nachricht wird angenommen. Weitere Aktionen werden nicht ausgeführt.

LOG ONLY
Die E-Mail Nachricht wird angenommen. Der Hostname und die IP-Adresse des Absenders sowie der Name der Whitelist werden protokolliert.

LOG AND TAG MESSAGE
Zusätzlich zu LOG ONLY wird dem Dokument das Feld $DNSWLSITE hinzugefügt. Als Wert enthält dieses den Namen der DNS-Whitelist welche den Host gelistet hat, den Namen und die IP-Adresse des Hosts oder, wenn der Host in der privaten Whitelist aufgeführt ist, den Eintrag PRIVATEWHITELIST.

Black- und Whitelists einrichten

Die Einrichtung der Black- und Whitelists erfolgt im Konfigurationsdokument des Servers.

✓ Öffnen Sie das Konfigurationsdokument des Servers im Bearbeitungsmodus.
✓ Wechseln Sie auf das Register ROUTER/SMTP.
✓ Wählen Sie dort die Unterregister RESTRICTIONS AND CONTROLS / SMTP INBOUND CONTROLS.
✓ Richten Sie die gewünschten Listen ein (Siehe Seite 51).
✓ Schließen Sie das Konfigurationsdokument nachdem Sie es gespeichert haben.
✓ Aktualisieren Sie die Einstellungen des Servers durch den Konsolenbefehl
```
tell smtp update config
```

Nutzen Sie eine oder mehrere der folgenden Vorgehensweisen zur Einrichtung. Um DNS-Blacklists zu aktivieren:

✓ Wählen Sie ENABLED im Feld DNS BLACKLIST FILTERS.
✓ Tragen Sie im Feld DNS BLACKLIST SITES die Namen der Sites ein. Trennen Sie mehrere Namen mit Kommata.
✓ Bestimmen Sie im Feld DESIRED ACTION WHEN A CONNECTING HOST IS FOUND IN THE DNS BLACKLIST die auszuführende Aktion.
✓ Legen Sie im Feld CUSTOM SMTP ERROR RESPONSE FOR REJECTED eine Fehlermeldung fest.

Um DNS-Whitelists zu aktivieren

✓ Wählen Sie ENABLED im Feld DNS WHITELIST FILTERS.
✓ Tragen Sie im Feld DNS WHITELIST SITES die Namen der Sites ein. Trennen Sie mehrere Namen mit Kommatas.
✓ Bestimmen Sie im Feld DESIRED ACTION WHEN A CONNECTING HOST IS FOUND IN THE DNS WHITELIST die auszuführende Aktion.

Um eine private Blacklist zu aktivieren

✓ Wählen Sie ENABLED im Feld PRIVATE BLACKLIST FILTERS.
✓ Tragen Sie im Feld PRIVATE BLACKLIST SITES die IP Adressen in eckigen Klammern oder die Namen der Hosts ein. Die Verwendung von Wildcards ist möglich. Trennen Sie mehrere Namen mit Kommatas.
✓ Bestimmen Sie im Feld DESIRED ACTION WHEN A CONNECTING HOST IS FOUND IN THE PRIVATE BLACKLIST die auszuführende Aktion.
✓ Legen Sie im Feld CUSTOM SMTP ERROR RESPONSE FOR REJECTED eine Fehlermeldung fest.

Um eine private Whitelist zu aktivieren

✓ Wählen Sie ENABLED im Feld PRIVATE WHITELIST FILTERS.
✓ Tragen Sie im Feld Private WHITELIST SITES die IP Adressen in eckigen Klammern oder die Namen der Hosts ein. Die Verwendung von Wildcards ist möglich. Trennen Sie mehrere Namen mit Kommatas.

Ihre Anmerkungen	✓ Bestimmen Sie im Feld DESIRED ACTION WHEN A CONNECTING HOST IS FOUND IN THE PRIVATE WHITELIST die auszuführende Aktion.

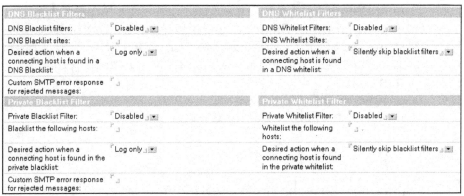

Einstellungen für Black- und Whitelists im Konfigurationsdokument des Servers

Statistiken

Die SMTP Task erstellt für die Anzahl der Zugriffe auf Black- und Whitelists folgende Statistiken:

> ➢ SMTP.DNSBL.TOTALHITS
> ➢ SMTP.DSNBL.<NAMEDER BLACKLIST>.TOTALHITS,
> ➢ SMTP.PRIVATEBL.TOTALHITS
> ➢ SMTP.DNSWL.TOTALHITS
> ➢ SMTP.DSNBL.<NAMEDER WHITELIST>.TOTALHITS,
> ➢ SMTP.PRIVATEWL.TOTALHITS

Zur Anzeige der Statistiken verwenden Sie den Konsolenbefehl
`show stat smtp`

Durch die Verwendung der Parameter in der Datei *NOTES.INI* des Servers
```
SMTPExpandDNSBLStats=1
SMTPExpandDNSWLStats=1
```

können Sie die beiden zusätzlichen Statistiken

> ➢ SMTP.DNSBL.<NameDerBlacklist>.<IPAddresse>.Hits

> SMTP.DNSWL.<NameDerWhitelist>.<IPAddresse>.Hits

erzeugen. Diese zählen die Häufigkeit des Fundes für einzelne IP-Adressen in den Black- und Whitelists. Per Standard werden diese Statistiken nicht erfasst, weil damit eine erhöhte Serverbelastung einhergeht und es zu Performanceeinbußen kommen kann. Eine Aktivierung ist daher nur temporär zu empfehlen.

4.2. Disclaimer

Einführung

Disclaimer sind Texte, die entweder unterhalb oder oberhalb der eigentlichen Nachricht in eine zu versendende E-Mail eingefügt werden. Typischerweise beinhalten Sie kurze rechtliche Erklärungen, zum Beispiel dass ein Unternehmen nicht für den Inhalt der von einem Angestellten verfassten Nachricht verantwortlich ist. Im Gegensatz zu Benutzersignaturen, welche vom Benutzer erstellt und nicht einheitlich vom Administrator geregelt werden können, werden Disclaimer zur E-Mail hinzugefügt, ohne dass der Benutzer dies verhindern oder den Inhalt des Disclaimer beeinflussen kann.

Unter der Internetadresse *http://www.emaildisclaimers.com* finden Sie weitere Informationen zum Thema Disclaimer.

Ist ein Disclaimer definiert, wird er an alle an eine fremde Internetdomain zu versendende E-Mail hinzugefügt.

Das Hinzufügen des Disclaimer kann entweder durch den Notes Client oder durch den Domino Server erfolgen. Für den Notes Client sprechen die Vorteile dass damit der Server entlastet wird und keine Probleme bei verschlüsselter E-Mail auftreten, da die Verschlüsselung erst nach dem Hinzufügen des

Disclaimer erfolgt. Werden jedoch neben dem Notes Client noch andere Clients, zum Beispiel Domino Web Access verwendet, muss das Hinzufügen des Disclaimer durch den Server vorgenommen werden. Am besten ist es, beide Varianten einzurichten. In diesem Fall wird der Disclaimer vom Notes Client hinzugefügt und die E-Mail gekennzeichnet, so dass der Server nichts mehr unternimmt. Wird eine E-Mail mit einem anderen Client erstellt, übernimmt der Server die Aufgabe den Disclaimer anzuhängen.

Disclaimer durch den Notes Client hinzufügen

Generell wird für die Verwendung eines Disclaimer ein Mail-Einstellungsdokument verwendet, welches einer Richtlinie zugeordnet wird. Sie können sowohl eine explizite als auch eine Organisationsbezogene Richtlinie verwenden. Nutzen Sie eine Richtlinie für alle Mitarbeiter oder erstellen Sie mit mehreren Mail-Einstellungsdokumenten eine Hierarchie um verschiedene Disclaimer zu verwenden.

- ✓ Wechseln Sie im Administrator Client auf das Register PEOPLE & GROUPS.
- ✓ Wählen Sie den Eintrag SETTINGS.
- ✓ Öffnen Sie ein vorhandenes Mail-Einstellungsdokument im Bearbeitungsmodus oder erstellen Sie ein neues.
- ✓ Vergeben Sie gegebenenfalls einen Namen für das Dokument und wechseln Sie auf das Register MESSAGE DISCLAIMERS.
- ✓ Setzen Sie den Eintrag im Feld NOTES CLIENT CAN ADD DISCLAIMERS auf ENABLED.
- ✓ Geben Sie im Feld DISCLAIMER TEXT den Text des Disclaimer ein. Über die Schaltfläche MODIFY können Sie ein Eingabefenster öffnen. Den Text können Sie in Textform oder im HTML-Format hinterlegen.
- ✓ Wählen Sie das von Ihnen verwendete Textformat im Feld DISCLAIMER TEXT FORMAT.
- ✓ Der Disclaimer kann oberhalb oder unterhalb der eigentlichen Nachricht eingefügt werden. Bestimmen Sie die Position im Feld DISCLAIMER POSITION.

✓ Für mehrsprachige E-Mail können Sie im Feld MULTILINGUAL INTERNET MAIL den zu verwendenden Zeichensatz festlegen. ✓ Speichern und schließen Sie das Mail-Einstellungsdokument. ✓ Ordnen Sie das Einstellungsdokument einer Richtlinie zu. ✓ Aktualisieren Sie die Servereinstellungen durch die Eingabe des Konsolenbefehls `tell adminp process mailpolicy`	Ihre Anmerkungen

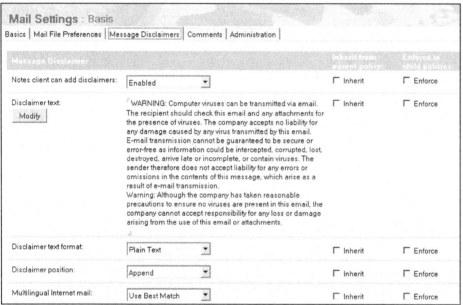

Einrichtung eines Disclaimer für den Notes Client

Disclaimer für den Server konfigurieren

Die Einstellungen für das Hinzufügen eines Disclaimer durch den Domino Server nehmen Sie im Server Konfigurationsdokument vor. Den Text definieren Sie wie bei der Verwendung des Notes Clients in einem Mail-Einstellungsdokument.

✓ Erstellen Sie wie im Punkt *Disclaimer durch den Notes Client hinzufügen* beschrieben ein Mail-Einstellungsdokument. Soll der Disclaimer nur vom Server hinzugefügt werden, setzen Sie den Eintrag im Feld NOTES CLIENT CAN ADD DISCLAIMERS auf DISABLED.

Ihre Anmerkungen	✓ Öffnen Sie das Konfigurationsdokument des Servers im Bearbeitungsmodus. ✓ Wechseln Sie auf das Register ROUTER/SMTP und dort auf das Unterregister MESSAGE DISCLAIMERS. ✓ Wählen Sie im Feld MESSAGE DISCLAIMERS den Eintrag ENABLED. ✓ Das Feld ADD DISCLAIMER TO S/MIME SIGNED OR ENCRYPTED MESSAGES besitzt per Standard den Wert DISABLED. Wenn Sie diese Einstellung auf ENABLED ändern riskieren Sie, dass der Empfänger einer signierten oder verschlüsselten Nachricht diese nicht lesen kann, da durch das Hinzufügen des Disclaimertextes nach der Verschlüsselung die Validierung der Nachricht fehlschlägt. ✓ Bestimmen Sie die Ausführlichkeit der Log-Nachrichten. Es stehen die Stufen MINIMAL, NORMAL, INFORMATIONAL und VERBOSE zur Auswahl. ✓ Speichern und schließen Sie das Server Konfigurationsdokument. ✓ Um die Änderungen dem Mail Router sofort mitzuteilen geben Sie folgenden Konsolenbefehl ein: `tell Router update config` Ohne den Befehl wird der Router nach 5 Minuten aktualisiert.

Einrichtung eines Disclaimers für den Domino Server

Domino Web Access und Disclaimer

Für Domino Web Access (DWA) konnte bereits in der Version 6.5 ein Disclaimer erstellt werden. Dies ist weiterhin möglich.

Die Konfiguration des Textes erfolgt auf dem Register DOMINO WEB ACCESS des Server Konfigurationsdokuments. Wenn Sie sowohl den Disclaimer für DWA als auch für den Server einrichten, wird der Disclaimer genutzt, den Sie für DWA eingerichtet haben.

Configuration Settings *

Basics | Smart Upgrade | LDAP | Router/SMTP | MIME | NOTES.INI Settings | Domino Web Access | IMAP | SNMP

Disclaimer Text

Add disclaimer notice to mail memo ˻At the bottom ˼

Disclaimer text or HTML:

Definition eines Disclaimer für DWA

4.3. Mailregeln

Bereits seit mehreren Versionen besteht in Lotus Notes Domino die Möglichkeit Mailregeln zu erstellen. Dies ist sowohl für den Notes Client als auch für den Domino Server möglich. In der Version 7 gibt es die zwei neuen Bedingungen zum Filtern der Mail BLACKLIST TAG und WHITELIST TAG, sowie die neue Aktion bei der Ausführung der Regel STOP PROCESSING. Alle Neuerungen können Sie sowohl für Client als auch für Server Mailregeln verwenden.

Behandlung von durch Black- oder Whitelists gekennzeichneten Mails

Verwenden Sie bei der Erstellung von Black- und Whitelists die Aktion LOG AND TAG MESSAGE, wird der Nachricht ein Feld hinzugefügt. Im Falle einer Blacklist $DNSBLSITE, im Falle einer Whitelist $DNSWLSITE. Das Vorhandensein dieser Felder kann bei der Erstellung von Mailregeln ausgenutzt werden.

Über die beiden Bedingungen BLACKLIST TAG und WHITELIST TAG in Verbindung mit den Vergleichsausdrücken CONTAINS, DOES

Ihre Anmerkungen

NOT CONTAIN, IS und IS NOT können Sie eingehende E-Mails filtern und Aktionen festlegen.

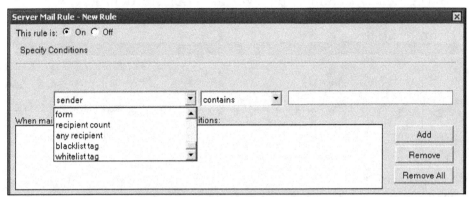

Die Bedingungen BLACKLIST TAG *und* WHITELIST TAG

Gehen Sie folgendermaßen vor, um eine Server Mailregel für von einer Black- oder Whitelist gekennzeichnete E-Mail zu erstellen:

- ✓ Öffnen Sie das Server Konfigurationsdokument im Bearbeitungsmodus.
- ✓ Wechseln Sie auf das Register ROUTER/SMTP - RESTRICTIONS UND CONTROLS - RULES.
- ✓ Erstellen Sie über die Schaltfläche NEW RULE eine neue Regel.
- ✓ Verwenden Sie BLACKLIST TAG oder WHITELIST TAG als Kriterium und erstellen Sie eine Bedingung. Fügen Sie diese über ADD der Regel hinzu.
- ✓ Definieren Sie die auszuführende Aktion und fügen Sie diese mit der Schaltfläche ADD ACTION der Regel hinzu.
- ✓ Erstellen Sie die Regel mit OK.
- ✓ Speichern und schließen Sie das Server Konfigurationsdokument.
- ✓ Die Regeln werden vom Mail Router alle 5 Minuten neu aktualisiert. Soll dies sofort geschehen, geben Sie folgenden Konsolenbefehl ein:
```
set rules
```

Die Abarbeitung von Mailregeln abbrechen

Mailregeln werden in der Reihenfolge ihrer Auflistung in der Ansicht ausgeführt. Dabei wird eine E-Mail nacheinander gegen alle Regeln geprüft. Dies ist jedoch oft nicht notwendig. Wenn eine Regel für eine E-Mail greift, sind die folgenden Regeln häufig nicht mehr relevant.

Durch das Hinzufügen der neuen Aktion STOP PROCESSING können Sie die Abarbeitung der weiteren Regeln unterbinden. Die Aktionen der Regel, welche diese Aktion beinhaltet werden jedoch immer komplett abgearbeitet.

✓ Erstellen Sie eine Mailregel oder bearbeiten Sie eine vorhandene.
✓ Wählen Sie unter SPECIFY ACTIONS den Eintrag STOP PROCESSING.
✓ Definieren Sie gegebenenfalls weitere Aktionen.
✓ Fügen Sie die Aktion mit ADD ACTION zur Regel hinzu.

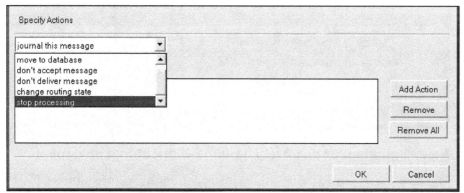

Auswahl der Aktion STOP PROCESSING

4.4. Mailarchivierung

Neue Benutzerschnittstelle

Die Mailarchivierung bietet an sich keine neuen Funktionen. Die Neugestaltung der Benutzerschnittstelle ermöglicht den Benutzern jedoch einen leichteren Umgang mit dieser Funk-

Ihre Anmerkungen

tion. Das Dialogfenster ARCHIVING SETTINGS verfügt nun über vier Register, deren Zuordnung zu den einzelnen Punkten im Vergleich zur Vorgängerversion logischer ist.

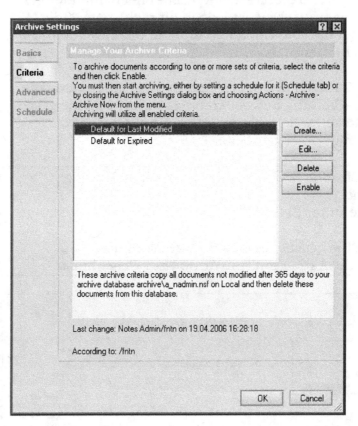

Neue Optionen für das Archivierungs-Einrichtungsdokument

Die Änderungen für Administratoren beschränken sich auf zwei Einstellungen im Archivierungs-Einstellungsdokument. Im Bereich WHICH DOCUMENTS SHOULD BE CLEANED UP steht der Eintrag OLDER THAN zur Verfügung.

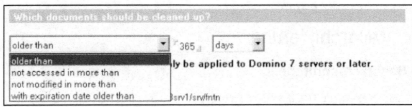

Beschränkung der Dokumente

Diese Option ist nur wirksam, wenn sich die Maildatenbank des Benutzers auf einem Domino Server der Version 7 befindet.

Auf dem Register ADVANCED kann im Feld MAXIMUM DOCUMENT RETENTION SELECTION IS die maximal mögliche Zeit für die Aufbewahrung von Dokumenten eingeschränkt werden.

Bereits in früheren Versionen konnten E-Mails in Abhängigkeit von einem Ablaufdatum archiviert werden. Dieses musste in einem Feld mit dem Namen EXPIREDATE stehen. In der Version 7 kann ein frei zu definierendes Feld verwendet werden. Nach der Aktivierung des Kontrollfeldes USE CUSTOMER GENERATED EXPIRATION FIELD kann im Feld CUSTOMER GENERATED EXPIRATION FIELD NAME der Name des Feldes, welches das Ablaufdatum enthält, eingegeben werden.

Erweiterte Möglichkeiten auf dem Register ADVANCED

Notes 7 verfügt über die neue Funktion Calender Cleanup. Damit können Benutzer alte Termine und Aufgaben aus Ihrer Maildatenbank entfernen. Wird in einem Archivierungs-Einstellungsdokument die Archivierung durch Benutzer unterbunden (PROHIBIT ARCHIVING) kann zusätzlich entschieden werden, ob die Funktion Calender Cleanup zur Verfügung steht.

Ihre Anmerkungen

4.5. Räume und Ressourcen

Die Server-Task RNRMGR

In der Version 7 von Notes Domino wird die Reservierung von Räumen und Ressourcen nicht mehr Schedule Manager sondern von einer neuen Server-Task mit dem Namen RNRMGR verwaltet. Dies bietet eine Reihe von Vorteilen:

➢ Da es eine zentrale Stelle zur Verwaltung gibt, ist die Überbuchung von Ressourcen nicht mehr möglich.
➢ Wird eine Reservierung direkt in der Ressourcendatenbank vorgenommen, ist sofort bekannt, ob die Ressource erfolgreich gebucht wurde.
➢ Die Reservierung wird einheitlich verwaltet, egal ob sie direkt in der Ressourcen Datenbank oder über eine Einladung im Kalender ausgeführt wird.
➢ Der automatische Reservierungsprozess bei Einladungen läuft schneller ab.
➢ Der Reservierungsprozess kann in einem Cluster genutzt werden.

Achten Sie darauf, dass der Administrationsserver für die Ressourcendatenbank eingerichtet ist. Dieser muss mit dem in den Site-Dokumenten angegebenen Reservierungsserver übereinstimmen. Für bereits bestehende Datenbanken älterer Versionen müssen Sie das Design auf die neue Schablone *RESRC7.NTF* aktualisieren.

Die Konsolenkommandos für die Task RNRMGR entsprechen denen des Schedule Managers, zum Beispiel

➢ `tell rnrmgr stats`
➢ `tell rnrmgr show <name>`
➢ `tell rnrmgr validate`
➢ `tell rnrmgr quit`
➢ `restart task rnrmgr`

Zusätzlich stehen zwei neue Befehle zur Steuerung des Caches zur Verfügung

> `rnrcache show`
> `rnrcache flush`

In der Ressourcendatenbank werden für die angeforderten Reservierungen einige neue Symbole verwendet. Offene Reservierungsanträge sind mit einer Sanduhr , erfolgreiche Reservierungen mit einem Haken und fehlgeschlagene Reservierungen mit einem Kreuz gekennzeichnet. Eine direkt in der Ressourcendatenbank durchgeführte Reservierung besitzt zusätzlich das Symbol .

Automatische Erinnerung

Für jedes Standortdokument kann die automatische Erinnerung (Autoreminder) aktiviert werden. Diese sendet an die Leiter der verschiedenen Meetings für die reservierten Ressourcen in einem zu definierenden Abstand vor dem Meeting eine Erinnerung, dass die Ressource reserviert ist. Diese Nachricht dient zum einen als Erinnerung, zum anderen bietet sie eine schnelle Möglichkeit die Reservierung zu stornieren, falls sie nicht mehr benötigt wird.

Die Erinnerung wird über einen Agent realisiert. Bei der Einrichtung des ersten Standortdokuments mit Erinnerungsfunktion wird dieser aktiviert. Dazu ist es notwendig, dass die ausführende Person das Recht MANAGER oder DESIGNER auf die ACL der Ressourcendatenbank besitzt. Anderenfalls muss der Agent von einem Administrator mit den notwendigen Rechten manuell aktiviert werden.

✓ Öffnen Sie die Ressourcendatenbank.
✓ Erstellen Sie über die Schaltfläche NEW SITE ein neues Standortdokument.
✓ Vergeben Sie einen Namen.

Ihre Anmerkungen

Ihre Anmerkungen	

✓ Prüfen und korrigieren Sie gegebenenfalls die Einstellungen für die Domäne, den Reservierungsserver und den Namen der Ressourcendatenbank.

✓ Aktivieren Sie die automatische Erinnerung durch die Auswahl der Option ENABLED im Feld RESOURCE RESERVATION AUTOREMINDER.

✓ Bestimmen Sie im Optionsfeld SEND AUTOREMINDER FOR ob die automatische Erinnerung für alle (ALL ROOMS/RESOURCES) oder ausgewählte (PARTICULAR ROOMS/RESOURCES) Räume und Ressourcen gesendet werden soll. Ausgewählte Ressourcen legen Sie im Feld SELECT ROOMS/RESOURCES fest.

✓ Legen Sie den Zeitpunkt für das Versenden der Erinnerung fest: Entweder wöchentlich (WEEKLY) unter Angabe eines Tages (ON) oder täglich (DAILY). Für den täglichen Versand können Sie maximal 3 Erinnerungsnachrichten pro Reservierung versenden.

✓ Speichern und schließen Sie das Standortdokument.

✓ Richten Sie für den Standort Ressourcen ein.

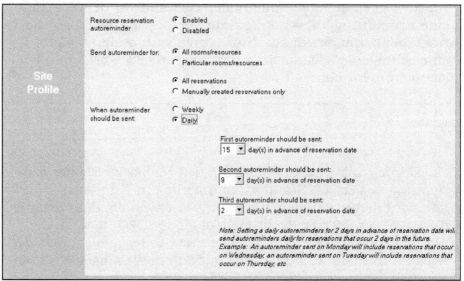

Einstellung für die automatische Erinnerung

Zur Bestätigung der Aktivierung der automatischen Erinnerung wird beim Speichern des Standortdokuments ein Mitteilungsfenster angezeigt.

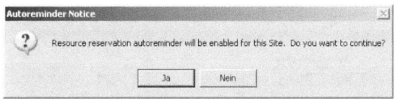

Nachfrage zur Aktivierung der automatischen Erinnerung

Einschränkung für Raumreservierungen

Damit einzelne Ressourcen nicht zu weit im Voraus gebucht werden kann der Besitzer der Ressource eine Zeitspanne vorgeben, für welche eine Buchung maximal im Voraus möglich ist.

✓ Öffnen Sie ein vorhandenes oder erstellen Sie ein neues Ressourcendokument.
✓ Nehmen Sie die notwendigen Einstellungen für die Ressource vor.
✓ Aktivieren Sie das Kontrollfeld LIMIT HOW FAR IN ADVANCE A ROOM/RESOURCE CAN BE RESERVED.
✓ Wählen Sie die Option LIMIT BY DAYS und legen Sie unter NUMBER OF DAYS die Anzahl der Tage fest.
✓ Oder
✓ Wählen Sie die Option LIMIT BY DATE und wählen Sie unter DATE ein Datum.
✓ Speichern und schließen Sie das Ressourcendokument.

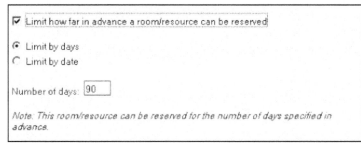

Einschränkung auf eine maximale Buchbarkeit 90 Tage im Voraus

Ihre Anmerkungen

| Ihre Anmerkungen | **Bevorzugte Räume und Ressourcen** |

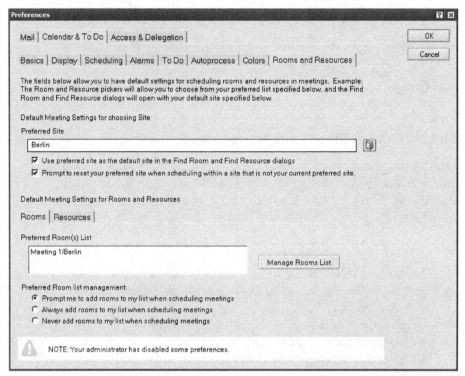

Benutzer können in der Version 7 von Lotus Notes Domino in den Vorgaben ihrer Maildatenbank bevorzugte Räume und Ressourcen festlegen. Haben sie dies noch nicht getan, werden sie bei der ersten Reservierung eines Raumes bzw. einer Ressource gefragt, ob diese zur Liste der bevorzugten Räume/Ressourcen hinzugefügt werden soll. Diese Abfrage erfolgt auch, wenn sie einen Raum/eine Ressource buchen welche nicht auf der Liste der bevorzugten Räume/Ressourcen steht.

Bei der Erstellung einer Reservierung können die Benutzer die Anzeige der verfügbaren Räume und Ressourcen auf die in der Liste der bevorzugten Räume/Ressourcen beschränken.

4.6. Domino Web Access

Für Benutzer sind vor allem die erhöhte Geschwindigkeit und die verbesserte Benutzerschnittstelle der Schablone *DWA7.NTF* von Vorteil.

Für Administratoren gibt es eine Vielzahl von neuen Einstellungen zur Konfiguration von DWA. Diese sind auf dem Register DOMINO WEB ACCESS des Konfigurationsdokuments des Servers zusammengefasst.

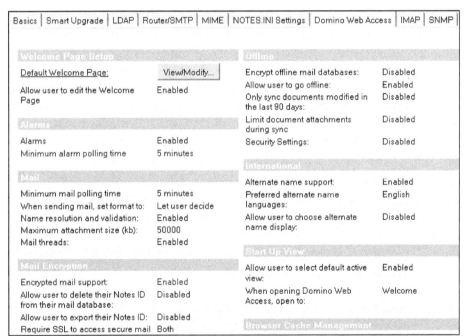

Ausschnitt aus dem Konfigurationsdokument des Servers

Unter anderen stehen folgende Optionen zur Auswahl:

> Für E-Mail können Sie eine maximale Größe der Anhänge vorgeben. Die Anzeige der Mailthreads lässt sich de- bzw. aktivieren.
> Die Felder im Bereich MAIL ENCRYPTION dienen der Steuerung der Verschlüsselung. So bewirkt zum Beispiel die Einstellung ENABLED für das Feld ENCRYPTED MAIL SUPPORT dass ein DWA Benutzer eine mit Notes verschlüsselte E-Mail lesen kann.

> Die Einstellungen für Instant Messaging nehmen Sie in dem gleichnamigen Bereich vor. Setzen Sie das Feld INSTANT MESSAGE FEATURES auf ENABLED, um Chat und Awareness im DWA Client zu nutzen.

> Im Bereich OFFLINE stehen neue Felder für Beschränkungen bei der Synchronisation von Dokumenten (in Bezug auf das Alter), Anhängen (in Bezug auf die Größe) und Passwörtern (Abgleich Online/Offline) zur Verfügung.

> Über die Felder ALLOW USER TO SELECT DEFAULT ACTIVE VIEW und WHEN OPENING DOMINO WEB ACCESS, OPEN TO im Bereich START UP VIEW legen Sie eine Startseite fest und ob die Benutzer ihre eigene Einstellung vornehmen dürfen.

> Im Bereich BROWSER CACHE MANAGEMENT regeln Sie den Umfang der Cachenutzung. Dabei müssen Sie zwischen Geschwindigkeit - viele Daten im Cache - und Sicherheit - wenige Daten im Cache - abwägen.

> Weitere Felder im Bereich OTHER SETTINGS steuern unter anderem die Möglichkeiten der Archivierung und den Zugriff auf die Ressourcen Datenbank.

Eine weitere Neuerung ist, dass die Funktion Server Activity Logging DWA Anforderungen als Statistik erfassen kann.

4.7. LDAP

Domino unterstützt das Lightweight Directory Access Protocol (LDAP) bereits seit der Version 5. Dies ermöglicht zum einen, dass Domino Server Benutzer unter Verwendung eines externen Verzeichnisses authentifizieren kann und zum anderen, dass externe Verzeichnisse wiederum Personenanfragen an den Domino Server richten können.

In der Version 7 gibt es drei wesentliche Neuerungen für die LDAP Implementierung in Domino:

> Veränderungen an Einträgen in externen Verzeichnissen werden vom Domino Server erkannt.

> ➢ Externe Verzeichnisse können für den Zugriff auf Verzeichnisdokumente des Domino Verzeichnisses Domino Unique IDs (UNIDs) verwenden.
>
> ➢ Für das Durchsuchen eines Remote-LDAP-Verzeichnisses kann der Umfang der Aliasauflösung festgelegt werden.

4.8. Zusammenfassen und Vertiefen

Zur Spamvermeidung können DNS-Blacklists, DNS-Whitelists sowie private Black- und Whitelists eingesetzt werden. Die Reihenfolge ihrer Verwendung lautet DNS-Whitelists, DNS-Blacklists, private Whitelists und abschließend private Blacklists. Wird der Host des Absenders auf einer Liste gefunden, werden die folgenden Listen nicht mehr überprüft.

Wird der Host einer erhaltenen E-Mail auf einer Blacklist gefunden, kann die E-Mail angenommen und protokolliert oder angenommen, protokolliert und gekennzeichnet oder abgelehnt und protokolliert werden.

Wird der Host einer erhaltenen E-Mail auf einer Whitelist gefunden, kann die E-Mail angenommen oder angenommen und protokolliert oder angenommen, protokolliert und gekennzeichnet werden.

Zur Festlegung von DNS-Lists wird der Name der Site, für private Listen die IP-Adresse oder der Hostname verwendet.

Disclaimer ermöglichen die Hinzufügung eines unternehmensweit einheitlichen Textes zu E-Mail und können sowohl vom Notes Client als auch vom Domino Server hinzugefügt werden. Sind beide eingerichtet, wird der Notes Client verwendet.

Für Disclaimer wird ein Mail-Einstellungsdokument und falls der Domino Server den Disclaimer hinzufügen soll zusätzlich ein Eintrag in einem Server Konfigurationsdokument benötigt.

Durch Black- und Whitelists gekennzeichnete E-Mail können über die neuen Bedingungen BLACKLIST TAG und WHITELIST TAG in Mailregeln ausgefiltert werden.

Die Überprüfung einer E-Mail gegen weitere Mailregeln können Sie in einer Mailregel durch die Aktion STOP PROCESSING unterbinden.

Die Mail Archivierung besitzt eine neue, übersichtlichere Benutzerschnittstelle.

Bei der Erstellung eines Archivierungs-Einstellungsdokuments können Sie über die Einstellung Which DOCUMENTS SHOULD BE CLEANED UP den Eintrag OLDER THAN nutzen.

Die Raum- und Ressourcenreservierung wird in der Version 7 durch die neue Server-Task RNRMGR gesteuert.

Für Reservierungen können automatische Erinnerungsnachrichten verschickt werden. Diese werden auf Basis eines Standortdokuments eingerichtet.

Die Buchbarkeit einer Ressource im Voraus kann eingeschränkt werden. Dies erfolgt auf Basis des Ressourcendokuments.

Benutzer können in den Vorgaben ihrer Maildatenbank Räume und Ressourcen zu einer Liste der bevorzugten Räume und Ressourcen hinzufügen.

Die Einstellungen für Domino Web Access befinden sich auf einem eigenen Register im Konfigurationsdokument des Servers. Es gibt eine Vielzahl von neuen Feldern und Bereichen. Diese ermöglichen unter anderem die Konfiguration von Instant Messaging und der Mail-Verschlüsselung.

Veränderungen an Einträgen in externen Verzeichnissen werden vom Domino Server erkannt.

Externe Verzeichnisse können für den Zugriff auf Verzeichnisdokumente des Domino Verzeichnisses Domino Unique IDs (UNIDs) verwenden.

4.9. Übungen

Richten Sie auf Ihrem für die Mailzustellung verwendeten Server private Black- und Whitelists ein. Suchen Sie im Internet die Adresse einer DNS-Blacklist und verwenden Sie diese für die DNS-Blacklist Filtereinstellung.

Richten Sie einen Disclaimer zur Verwendung mit dem Notes Client ein.

Richten Sie die Mail Archivierung für Ihr Postfach ein.

Erstellen Sie ein Mail-Einstellungsdokument. Verwenden Sie die neuen Möglichkeiten der Version 7.

Richten Sie die Raum- und Ressourcenverwaltung ein. Erstellen Sie ein Standortdokument. Aktivieren Sie für dieses die automatische Erinnerung für alle Ressourcendokumente. Erstellen Sie für den Standort mehrere Ressourcendokumente. Testen Sie diese durch Reservierungen über Einladungen oder direkt in der Reservierungsdatenbank.

5. Domino Domain Monitoring

Stichworte

Was ist Domino Domain Monitoring (DDM)? Welche Möglichkeiten bietet es? Welche Elemente umfasst DDM? Was sind Probes? Welche Aufgabe hat die Serverhierarchie? Wofür werden Filter genutzt? Welche Informationen können gefiltert werden? Wie werden Filter erstellt? Welche Datenbanken sind am Prozess des DDM beteiligt? Welche Rolle spielen Ereignisse beim DDM? Welche Einstellungen bestehen in der DDM Standardkonfiguration? Wie viele Typen von Probes gibt es? Welche Typen von Probes gibt es? Welche Untertypen gibt es für die einzelnen Typen? Wie wird eine Serverhierarchie erstellt? Wie kann eine Probe angepasst werden? Wie können eigene Probes erstellt werden? Wie wird eine Probe aktiviert? Wie wird die ACL der Datenbank Domain Monitoring eingerichtet werden? Welche Rollen sind in der ACL der Datenbank enthalten? Was bewirken die Rollen in der ACL? Welche Informationen enthält ein Ereignisdokument? Wie weist man ein Dokument einem Administrator zu? Welchen Status kann ein Dokument annehmen? Wie wird der Status von Dokumenten geändert? Welche Konsolenkommandos gibt es für DDM?

Themen

➢ Einordnung von DDM
➢ Untersuchungen (Probes)
➢ Typen von Probes
➢ Datenbank Monitoring Configuration
➢ Datenbank Domino Domain Monitoring
➢ Filter
➢ Serverhierarchie erstellen
➢ Probes aktivieren, anpassen und erstellen
➢ Ereignisse
➢ Ereignisdokumente auswerten und zuweisen
➢ Status eines Dokuments verändern

> ➢ Dokumente kommentieren
> ➢ Konsolenbefehle für DDM anwenden

Lernziel

> ➢ Kenntnisse der Serverüberwachung mit Domain
> Domino Monitoring

Voraussetzungen

> ➢ Kenntnisse der Domino Administration und der Server-
> überwachung

Ihre Anmerkungen

Ihre Anmerkungen

5.1. Elemente des Domino Domain Monitoring

Einführung

Mit Domino Domain Monitoring (DDM) wird in der Version 7 von Lotus Notes Domino ein zentrales Überwachungswerkzeug für die gesamte Domäne eingeführt. Über eine einheitliche Schnittstelle können Sie eine Vielzahl von Komponenten und Prozessen Ihrer Domino Domäne sowie der verwendeten Hardware kontrollieren und überwachen. Ereignismeldungen, die in früheren Versionen an verschiedenen Stellen erschienen sind, sind an einem zentralen Punkt verfügbar. Die Möglichkeiten der Ereignisgeneratoren und -handler werden mit DDM wesentlich erweitert, bestehen jedoch unverändert weiter. DDM ist ein zusätzliches, kostenloses Leistungsmerkmal von Lotus Notes Domino, es ist kein Ersatz für bisherige Funktionen.

Im Vergleich zur Überwachung des Systems der früheren Versionen bietet DDM eine Reihe von Vorteilen:

> DDM zeigt nicht nur Probleme im System an sondern hilft auch bei deren Lösung durch die Unterbreitung von Lösungsvorschlägen.
> Durch die Möglichkeit der Zuweisung einer Ereignismeldung an andere Administratoren können Sie auch in großen Unternehmen die Administration effektiv organisieren.
> Die Ereignisse besitzen verschiedene Zustände (OPEN, CLOSED, PERMANENTLY CLOSED). Dadurch ist eine Verfolgung nach dem Auftreten eines Ereignisses möglich.
> DDM kann mehr Serveraktivitäten, -zustände und -konfigurationen überwachen.
> Nach der Einrichtung der Serverhierarchie werden alle Informationen von den Servern automatisch zusammengetragen und in einer Datenbank gesammelt.

DDM ermöglicht sowohl die Auswertung von Fehlern und Problemen als auch die Untersuchung von Zuständen und von der Beanspruchung der Ressourcen. Des Weiteren ist es möglich, vorhandene Konfigurationen in Hinblick auf ihre Korrektheit und Vollständigkeit zu analysieren.

Ihre Anmerkungen

Nach der Einrichtung eines Servers wird auf diesem automatisch DDM eingerichtet. Eine Nutzung der Standardkonfiguration ist möglich, zeigt jedoch nur wenige Ergebnisse. Mit der Aktivierung einzelner Untersuchungen können Sie jedoch bereits schon umfangreiche Kenntnisse über Ihre Domino Domäne gewinnen. Durch die Ausnutzung der Möglichkeit, ausgewählte Elemente zu verändern oder komplett neu zu erstellen, können Sie DDM optimal an Ihre Bedingungen anpassen und für Ihre Zwecke verwenden.

Zum Thema DDM hat IBM das RedPaper *Lotus Domino Domain Monitoring* herausgegeben. Sie finden die Publikation unter der Internetadresse
http://www.redbooks.ibm.com/abstracts/redp4089.html?Open

DDM nutzt fünf Elemente:

- ➢ Die einzelnen Probes (Untersuchungen)
- ➢ Die Serverhierarchie zum Sammeln der Informationen
- ➢ Filter zur Steuerung der Informationsmenge
- ➢ Die Benutzerschnittstelle
- ➢ Ereignisse

Probes (Untersuchungen)

Probes sind die Elemente, mit denen die Überwachung ausgeführt wird. Sie werden durch den Probe Manager, welcher in die Server-Task Event Monitor (Event) integriert ist, ausgeführt und gesteuert.

Voraussetzung für die Ausführung von DDM ist das Starten der Server-Task Event beim Start des Servers.

Die Ausführung der einzelnen Untersuchungen sowie die Erfassung ihrer Ergebnisse erfolgt lokal. Für jede einzelne

Ihre Anmerkungen

Probe existiert in der Datenbank MONITORING CONFIGURATION (*EVENTS4.NSF*) ein Untersuchungsdokument. Probes werden in Typen und Subtypen untergliedert. Diese werden in Kapitel *5.2 Arten von Untersuchungen (Probes)* vorgestellt.

Probes werden auf verschiedenen Wegen aktiviert. Scheduled Probes werden nach einem Zeitplan gestartet. Embedded Probes sind direkt in den Programmcode integriert. Sie werden beim Auftreten von Problemen direkt ausgeführt. Listing Probes werden gestartet und warten auf das zu überwachende Ereignis. Tritt dieses ein, wird die in der Probe definierte Aktion ausgeführt.

Die Standardkonfiguration nach der Einrichtung eines Servers umfasst 47 deaktivierte Probes. Für jeden Typ ist zumindest eine Probe vorhanden.

Serverhierarchie

Die Ausführung der einzelnen Untersuchungen erfolgt lokal. Ihre Ergebnisse werden in die lokale Datenbank DOMINO DOMAIN MONITOR jedes Servers geschrieben. Mit der Einrichtung einer Serverhierarchie wird es ermöglicht, die Dokumente der einzelnen Datenbanken zentral zu sammeln. Für den Datenaustausch werden selektive Replikationsformeln genutzt, welche automatisch bei der Einrichtung der Serverhierarchie in die Replikationsparameter der Datenbank eingetragen werden. Sie müssen diesbezüglich keine Schritte unternehmen. Das manuelle Erstellen zusätzlicher Verbindungsdokumente ist ebenfalls nicht notwendig. Der Datenaustausch erfolgt alle fünf Minuten.

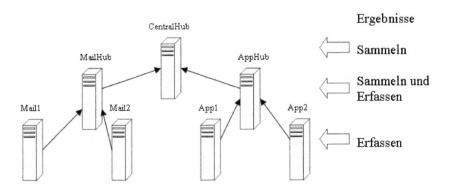

Beispiel einer Serverhierarchie

Der Aufbau der Serverhierarchie ist variabel. Sie können ihn an Ihre Bedingungen anpassen. Häufig wird er der Replikationstopologie des Domino Directory gleichen. Wird Ihre Domino Umgebung von mehreren Administratoren betreut, empfiehlt es sich, die Serverhierarchie so aufzubauen, dass jeder Administrator nur die Informationen erhält, die er benötigt. Der Aufbau von mehreren Hierarchien in einer sehr großen Umgebung ist ebenfalls möglich. Jeder Server kann Daten sammeln und weitergeben.

In der Standardkonfiguration ist keine Serverhierarchie eingerichtet.

Filter

Über Filter steuern Sie den Umfang der in der Datenbank DOMINO DOMAIN MONITOR gesammelten Informationen. Die Filter werden als Positivfilter erstellt - es wird immer angegeben, welche Informationen erfasst werden sollen.

Für jeden Probetyp können Sie festlegen, Ereignisse welcher Schwere in der Datenbank aufgezeichnet werden sollen. Dabei wirken Filter immer nur für zukünftige Ereignisse. Bereits in der Datenbank vorhandene Ereignisdokumente bleiben von ihnen unberührt.

Bei der Erstellung eines Filters legen Sie den oder die Server fest, für welche er angewendet werden soll.

In der Standardkonfiguration ist ein Filter zur Aufzeichnung einfacher Ereignisse der Schwere FATAL oder FAILURE eingerichtet.

Benutzerschnittstelle

Die Benutzerschnittstelle des DDM besteht aus den beiden Datenbanken MONITORING CONFIGURATION (*EVENTS4.NSF*) und DOMINO DOMAIN MONITORING (*DDM.NSF*).

Die Konfiguration der Überwachung richten Sie in der Datenbank MONITORING CONFIGURATION (*EVENTS4.NSF*) ein. Wie schon in früheren Versionen beinhaltet diese Datenbank auch die Dokumente für Ereignisgeneratoren und -handler sowie die Dokumente zur Erstellung der Statistiken.

Die Datenbank kann wie gewohnt über den Menübefehl FILE / DATABASE / OPEN im Notes Client oder direkt im Administrator Client geöffnet werden. Letzterer ermöglicht die Anzeige der Filter und Untersuchungsdokumente.

✓ Öffnen Sie den Administrator Client.
✓ Wechseln Sie auf das Register CONFIGURATION.
✓ Erweitern Sie den Eintrag MONITORING CONFIGURATION.

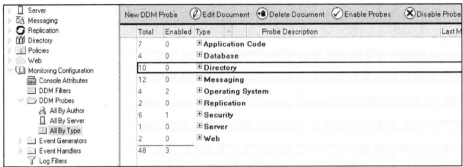

Ihre Anmerkungen

Anzeige der Untersuchungsdokumente im Administrator Client

Für die Anzeige der Serverhierarchie bzw. deren Erstellung müssen Sie direkt die Datenbank *EVENTS4.NSF* öffnen.

✓ Rufen Sie im Notes Client den Menübefehl FILE / DATA-BASE / OPEN auf.

✓ Wählen Sie den Server und die Datenbank *EVENTS4.NSF*.

✓ Öffnen Sie die Datenbank mit OK.

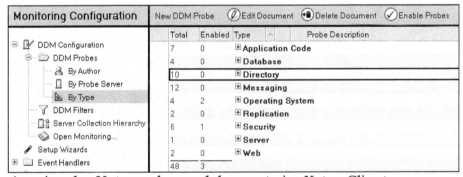

Anzeige der Untersuchungsdokumente im Notes Client

Über den Gliederungseintrag OPEN MONITORING können Sie direkt die zweite am DDM Prozess beteiligte Datenbank öffnen.

In der Datenbank DOMINO DOMAIN MONITORING (*DDM.NSF*) werden die Ergebnisdokumente der einzelnen Untersuchungen gespeichert. Das Öffnen der Datenbank kann über den Link in der Konfigurationsdatenbank, über das Menü des Notes Clients oder direkt im Administrator Client erfolgen.

Ihre Anmerkungen

✓ Öffnen Sie den Administrator Client.
✓ Wechseln Sie auf das Register SERVER.
✓ Rufen Sie den Menüpunkt ANALYZIS / OPEN DOMAIN MONITORING auf.

In der Ansicht MY EVENTS haben Sie Zugriff auf die Ihnen zugewiesenen Ereignisse und in den anderen Ansichten, geordnet nach verschiedenen Gesichtspunkten, auf alle Ereignisse. Für die kategorisierten Ansichten besteht die Möglichkeit über die Register OPEN EVENTS, RECENT EVENTS und ALL EVENTS die Ereignisdokumente in Abhängigkeit von ihrem vom Status und ihrer Aktualität anzuzeigen. Die Ansichten werden im Abstand von 15 Minuten aktualisiert.

Die Zuweisung von Ereignissen nehmen Sie über die Schaltfläche ASSIGN vor.

Der Eintrag OPEN CONFIGURATION ermöglicht das direkte Öffnen der Datenbank MONITORING CONFIGURATION (*EVENTS4.NSF*).

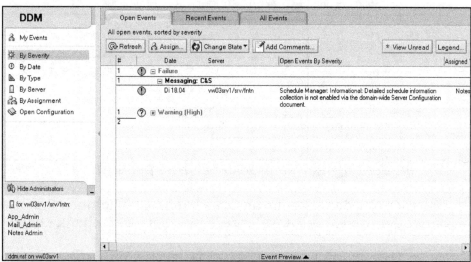

Die Datenbank Domino Domain Monitoring

Über SHOW ADMINISTRATORS (HIDE ADMINISTRATORS) wird eine Miniansicht geöffnet (geschlossen), welche in den Feldern FULL ACCESS ADMINISTRATORS und ADMINISTRATORS eingetragene Administratoren anzeigt. Enthaltene Gruppennamen werden aufgelöst. Nehmen Sie Änderungen an den Feldern vor, werden

diese erst nach einem Neustart der Server-Task Event über-
nommen. Ist Sametime installiert wird für die einzelnen Administratoren der Onlinestatus angezeigt. Im Bedarfsfall können
Sie über das Kontextmenü der rechten Maustaste mit anwe-
senden Mitarbeitern sofort einen Chat zur Klärung von Problemen starten.

Die Datenbanken *EVENTS4.NSF* und *DDM.NSF* werden automatisch bei der Einrichtung des Servers erstellt.

Ereignisse

Auftretende Ereignisse werden nach Status, Schwere und
Typen gegliedert.

Ein Ereignis kann den Status OPEN, CLOSED oder PERMANENTLY
CLOSED besitzen. Neue Ereignisse besitzen immer den Status
OPEN. Eine Umwandlung des Status in CLOSED kann manuell
durch den Administrator oder durch ein so genanntes Clearing
Ereignis erfolgen. Letzteres hebt ein Ereignisdokument auf,
wenn es erkennt, dass eine Lösung für das, das Ereignis verur-
sachende Problem eingetreten ist. Ereignisse mit dem Status
CLOSED können durch den Administrator oder durch das er-
neute Auftreten der gleichen Ursache, welche zum Ereignis
geführt hat, wieder in den Status OPEN versetzt werden. Im Unterschied dazu kann ein Ereignis, welches vom Administrator
in den Zustand PERMANENTLY CLOSED versetzt wurde auch nur
von diesem wieder auf OPEN gesetzt werden.

Bei der Schwere des Ereignisses wird zwischen FATAL, FAILURE,
WARNING (HIGH), WARNING (LOW) und NORMAL unterschieden.

Bei den Typen unterscheidet man zwischen einfachen und erweiterten Ereignissen. Einfache Ereignisse sind Ereignisse, die
an kein Ziel gebunden sind. Sie werden in der Version 7 ebenfalls in der Datenbank DDM erfasst. In der Ansicht ADVANCED -
EVENT MESSAGES BY TEXT der Datenbank MONITORING CONFI-

Ihre Anmerkungen

GURATION finden Sie die zugehörigen Dokumente. Sie können diese bearbeiten und neue Ereignisdokumente erstellen.

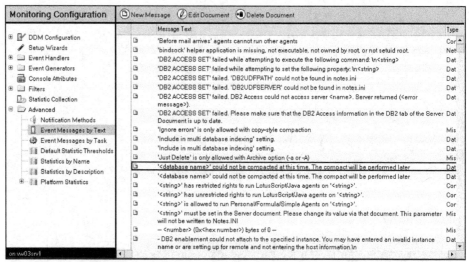

Ansicht der Ereignisdokumente der einfachen Ereignisse

Viele dieser Ereignisdokumente enthalten auf dem dritten Register CORRECTIVE ACTIONS Programmcode für die Lösung des aufgetretenen Problems. Durch die Erstellung eigener Lösungsroutinen besteht eine weitere Möglichkeit DDM an Ihre Anforderungen anzupassen.

Ihre Anmerkungen

Server and Addin Task Event

Basics | Probable Cause/Possible Solution | Corrective Action(s) |

Corrective Formula:
```
REM { Database Information };
_server := @Name([Abbreviate];"%TargetServer%");
_database := "%TargetDatabase%";

REM { Strings to use for display };
REM { BEGIN OK To Translate };
_sTitle    := "Corrective Action Error";
_sMsgNoDatabase := "Database " + _server + "!!" +
```

Corrective LScript:

Corrective Action für Probleme mit selektiver Replikation

Erweiterte Ereignisse sind Ereignisse, welche mindestens ein Feld mit einer bestimmten Zielangabe, zum Beispiel einer Datenbank oder einem Agenten enthalten.

Von einem Domino 7 Server aus können Server früherer Versionen in Bezug auf einfache Ereignisse überwacht werden. DDM benötigt für die erweiterten DDM Ereignisse Server der Version 7. Einzige Ausnahme sind die beiden Best Practice Probes, da diese keinen Code auf einem Server ausführen sondern nur Einstellungen testen. Deshalb können Sie von einem Domino 7 Server aus auf Server früherer Versionen angewendet werden.

Mit der Standardkonfiguration kann es bereits zur Aufzeichnung von Ereignissen kommen. Dies ist von der konkreten Umgebung abhängig.

5.2. Arten von Untersuchungen (Probes)

Es stehen Ihnen neun Typen von Probes zur Verfügung (in Klammern die Anzahl der Subtyps):

➤ APPLICATION CODE (4)
➤ DATABASE (4)
➤ DIRECTORY (10)
➤ MESSAGING (10)
➤ OPERATING SYSTEM (4)
➤ REPLICATION (2)
➤ SECURITY (5)
➤ SERVER (1)
➤ WEB PROBES (2)

Die folgenden Aufstellungen enthalten einen kurzen Überblick über die verschiedenen Subtypen und deren jeweilige Funktion. Ausführliche Informationen finden Sie in der Administrator Hilfe.

Application Code Probes

AGENTS BEHIND SCHEDULE	Welche vom Agent Manager ausgeführten Agenten liegen am weitesten hinter dem Zeitplan zurück?
AGENTS RANKED BY CPU USAGE	Welche 100 Agenten haben die meisten CPU-Kapazitäten beansprucht?
AGENTS RANKED BY MEMORY	Welche LotusScript und Java Agenten haben den meisten Speicherplatz beansprucht?
LONG RUNNING AGENTS	Welche Agenten laufen am längsten (und kommen eventuell nicht zu Ende)?

Database Probes

COMPACT	Welche Fehler sind bei der Komprimierung aufgetreten?

DESIGN	Welche Fehler sind bei der Gestaltungs-aktualisierung einer Datenbank aufgetreten?	Ihre Anmerkungen
ERROR MONITORING	Welche Fehler sind beim Ausführen von Datenbankoperationen aufgetreten?	
SCHEDULED CHECKS	Welche Datenbank kann nicht geöffnet werden? Welche Datenbank wird nicht benutzt? Wie viel Speicherplatz wird in einer Datenbank nicht verwendet?	

Directory Probes

DIRECTORY AVAILABILITY	Sind alle vom Server gehosteten Verzeichnisse verfügbar?
DIRECTORY CATALOG AGGREGATION	Finden die Aggregationen für den Directory Catalog entsprechend des Zeitplanes statt?
DIRECTORY CATALOG CREATION	Treten im Directory Catalog Fehler auf?
DIRECTORY INDEXER PROCESS STATE	Wird die Task Directory Indexer ausgeführt?
LDAP PROCESS STATE	Wird der LDAP Prozess ausgeführt?
LDAP SEARCH RESPONSE	Wie groß ist die durchschnittliche Antwortzeit bei LDAP Suchvorgängen?
LDAP TCP PORT HEALTH	Überwacht LDAP seine Anschlüsse? Antwortet LDAP direkt?
LDAP VIEW UPDATE ALGORITHM	Funktioniert der Algorithmus zur Aktualisierung der LDAP Ansichten?
NAMELOOKUP SEARCH RESPONSE	Wie groß ist die durchschnittliche Antwortzeit für auf dem Server durchgeführte LDAP NameLookups?
SECONDARY LDAP SEARCH RESPONSE	Wie groß ist die durchschnittliche Antwortzeit für Suchvorgänge auf sekundären LDAP Servern?

Messaging Probes

SMTP TCP PORT HEALTH	Werden die Anforderungen von den SMTP-Diensten an das SMTP-Protokoll erfolgreich abgearbeitet?
MESSAGE RETRIEVAL TCP PORT HEALTH	Werden die IMAP und POP3 Anforderungen korrekt verarbeitet?
ROUTE PROCESS STATE	Der Status der Task Router wird überwacht.
SMTP PROCESS STATE	Der Status des Prozess SMTP wird überwacht.
MESSAGE RETRIEVAL PROCESS STATE	Der Zustand der Tasks IMAP und POP3 wird überwacht.
NRPC ROUTING STATUS	Die korrekte Funktion des Mail Routing wird überprüft.
TRANSFER QUEUE CHECK	Die Mailübertragung an ausgewählte Ziele wird überprüft.
MAIL FLOW STATISTIC CHECK	Überschreitet die Anzahl der E-Mail in der *MAIL.BOX* die vom Router verarbeitbare Anzahl?
MAIL REFLECTOR	Funktioniert das Mail Routing?
MAIL DSN	Kann mit der Delivery Status Notification eine E-Mail an ein SMTP-Mailsystem übertragen werden?

Operating System Probes

CPU	Die Nutzung der CPU wird überwacht.
DISK	Die Schreib- und Lesevorgänge auf der Festplatte werden überwacht.
MEMORY	Die Verwendung des Arbeitsspeichers wird überwacht.
NETWORK	Der auf dem Server anfallende Netzwerkverkehr wird überwacht.

Die Subtyp MEMORY steht unter dem Betriebssystemen Linux/zLinux nicht zur Verfügung. Unter z/OS können Sie DISK und NETWORK nicht nutzen.

Replication Probes

ERRORS — Der Ablauf der Replizierung wird überwacht.

REPLICATION CHECK — Wird eine ausgewählte Datenbank in einem bestimmten Zeitraum repliziert?

Security Probes

BEST PRACTICES — Entsprechen die Einstellungen in der Domäne grundlegenden Sicherheitseinstellungen?

CONFIGURATION — Die Einstellungen in zwei Serverdokumenten werden verglichen.

DATABASE ACL — Die Zugriffsrechte auf eine Datenbank werden überwacht.

DATABASE REVIEW — Die Sicherheitseinstellungen einer ausgewählten Datenbank werden überprüft.

REVIEW — Erstellt einen Bericht zu ausgewählten Sicherheitseinstellungen.

Server Probes

ADMINISTRATION — Für welche Administrationsanforderung ist die Ausführung gescheitert?

Ihre Anmerkungen

Web Probes

BEST PRACTICES   Entsprechen die Einstellungen der Web-
Server-Konfiguration vordefinierten
Werten?

CONFIGURATION   Die Web-Konfiguration von zwei Servern
wird verglichen.

5.3. DDM Einrichten

Die Serverhierarchie erstellen

Die Erstellung der Serverhierarchie erfolgt in der Datenbank
MONITORING CONFIGURATION (*EVENTS4.NSF*).

✓ Öffnen Sie die Datenbank *EVENTS4.NSF*.
✓ Wählen Sie in der Gliederung den Eintrag DDM CONFIGURA-
TION - SERVER COLLECTION HIERARCHIE.
✓ Klicken Sie auf die Schaltfläche NEW SERVER COLLECTION
HIERARCHIE.

Das Dialogfenster NEW SERVER COLLECTION HIERARCHIE wird
angezeigt.

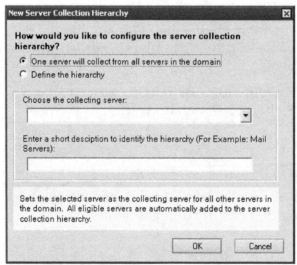

Erstellung einer Serverhierarchie

Sie können zwischen zwei Vorgehensweisen wählen:

✓ Wählen Sie die Option ONE SERVER WILL COLLECT FROM ALL
  SERVERS IN THE DOMAIN, um eine komplette Hierarchie zu
  erstellen.

✓ Bestimmen Sie im Feld CHOOSE THE COLLECTING SERVER den
  Server, auf dem die Daten der anderen Server zusammen-
  getragen werden.
  Alle anderen Server werden automatisch als Daten erfas-
  sende Server hinzugefügt.

✓ Geben Sie eine Beschreibung für die Serverhierarchie ein.

✓ Bestätigen Sie die Einstellungen mit OK.

Oder:

✓ Wählen Sie den Eintrag DEFINE A HIERARCHIE.

✓ Bestimmen Sie im Feld CHOOSE THE COLLECTING SERVER den
  Server, auf dem die Daten der anderen Server zusammen-
  getragen werden.
  In diesem Fall müssen Sie die restlichen Server manuell in
  die Hierarchie einfügen.

✓ Geben Sie eine Beschreibung für die Serverhierarchie ein.

✓ Bestätigen Sie die Einstellungen mit OK.

Die Serverhierarchie wird angezeigt. Durch einen Klick auf
einen Server wird das Dialogfenster MANAGE SERVER COLLECTION
HIERARCHIE geöffnet. In diesem können Sie durch das Hinzufügen und Entfernen von Servern die Hierarchie anpassen. Über
die Schaltfläche CHANGE COLLECTING SERVER ist es möglich
einen anderen Server zu bestimmen, auf dem Daten zusam-
mengetragen werden.
Änderungen an der Serverhierarchie werden automatisch erkannt. Die Zeitdauer bis die Änderungen beim Sammeln der
Informationen wirksam werden hängt von der Größe der Hierarchie und der Position an der sie vorgenommen werden ab.

✓ Öffnen Sie auf dem obersten Server der Hierarchie die
  Datenbank DOMINO DOMAIN MONITORING.

✓ Wählen Sie die Ansicht BY SERVER.

Ihre Anmerkungen

Sind die Daten von allen Servern der Hierarchie vorhanden ist diese korrekt aufgebaut.

Wird ein Server bei der Erstellung der Serverhierarchie nicht angezeigt, kontrollieren Sie die Einstellung des Feldes SERVER BUILD NUMBER im Serverdokument des betreffenden Servers. Dieses Feld wird nach der Einrichtung des Servers vom Administrationsprozess AdminP ausgefüllt.

Untersuchungsdokumente aktivieren

Die mit der Einrichtung des Servers automatisch vorhandenen Dokumente zur Beschreibung für die einzelnen Probes sind per Standard deaktiviert.

✓ Öffnen Sie die Datenbank MONITORING CONFIGURATION.
✓ Wechseln Sie in die Ansicht DDM CONFIGURATION - DDM PROBES - BY TYPE.
✓ Wählen Sie ein oder mehrere Untersuchungsdokumente aus.
✓ Betätigen Sie die Schaltfläche ENABLE PROBES.

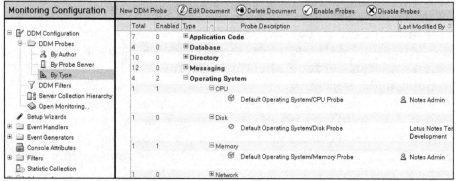

Probes de- bzw. aktivieren

Über die Schaltfläche DISABLE PROBES können Sie die Ausführung einer Probe stoppen.

Untersuchungsdokumente anpassen

Die per Standard vorhandenen Untersuchungsdokumente können Sie an Ihre Bedürfnisse anpassen.

✓ Öffnen Sie ein Untersuchungsdokument.
✓ Betätigen Sie die Schaltfläche EDIT DOCUMENT.
✓ Nehmen Sie die Anpassungen vor und speichern Sie das Dokument.

Eigene Untersuchungsdokumente erstellen

Zum Erstellen eigener Untersuchungsdokumente stehen Ihnen zwei Wege zur Verfügung: Sie können ein vorhandenes Dokument kopieren und danach bearbeiten. Dies bietet sich zum Beispiel für die Probe SCHEDULED DATABASE CHECKS an, um eine andere Datenbank als Domino Verzeichnis zu überwachen. Oder Sie erstellen ein komplett neues Untersuchungsdokument.

✓ Öffnen Sie die Datenbank MONITORING CONFIGURATION.
✓ Wechseln Sie in die Ansicht DDM CONFIGURATION - DDM PROBES - BY TYPE.
✓ Betätigen Sie die Schaltfläche NEW DDM PROBE und wählen Sie den Typ der zu erstellenden Probe.
✓ Bestimmen Sie im Feld PROBE SUBTYPE den Subtyp der Probe.

Je nach gewähltem Typ und Untertyp stehen Ihnen anschließend unterschiedliche Register und Felder zur Verfügung.

Ihre Anmerkungen

Ihre Anmerkungen

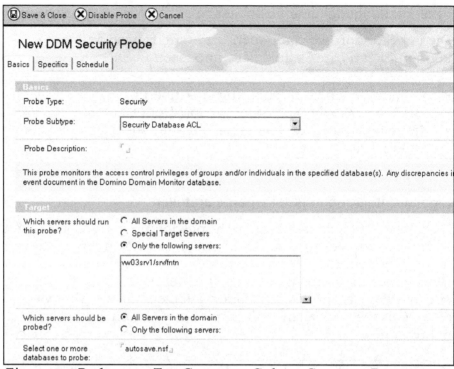

Eine neue Probe vom Typ SECURITY, Subtyp SECURITY DATABASE ACL

✓ Nehmen Sie die notwendigen Einstellungen vor.
   Auf dem Register BASICS bestimmen Sie neben dem Probe-typ und Subtyp die Beschreibung und wo die Probe läuft. Gegebenenfalls können Sie ein Ziel für die Probe bestimmen.
   Unter SPECIFICS legen Sie probespezifische Einstellungen fest. Ist der Bereich sehr umfangreich, wird SPECIFIC auf einem separaten Register angezeigt.
   Soll die Probe nach einem Zeitplan ausgeführt werden, legen Sie diesen auf dem Register SCHEDULED fest.
✓ Speichern Sie das Untersuchungsdokument.

Neue Probes sind sofort aktiviert.

5.4. Die Datenbank DDM

Nach der Einrichtung der Serverhierarchie und der Anpassung, Erstellung und Aktivierung von Probes werden in der Datenbank DOMINO DOMAIN MONITORING (*DDM.NSF*) die Ereignisdokumente gesammelt. Für eine effektive Nutzung des DDM Prozesses sind folgende Punkte ausschlaggebend:

- ➢ Die Konfiguration der Zugriffsrechte
- ➢ Die Replikationseinstellungen
- ➢ Das Auswerten der Dokumente
- ➢ Die Zuweisung von Dokumenten
- ➢ Die Erstellung von Filtern

Konfiguration der Zugriffsrechte

Wie in jeder Notes Datenbank bestimmen die Einstellungen der Zugriffskontrollliste (Access Control List, ACL) die Rechte und Möglichkeiten der Benutzer beim Umgang mit der Datenbank DOMINO DOMAIN MONITORING. Neben den normalen Zugriffsrechten sind in der Datenbank zwei spezielle Rollen definiert:

- ➢ [ASSIGN EVENTS] ermöglicht, Ereignisdokumente anderen Administratoren zu zuweisen.
- ➢ [CHANGE STATUS] erlaubt das Ändern des Status eines Ereignisdokuments.

Um Ereignisdokumente lesen zu können, benötigen Sie mindestens das Zugriffsrecht READER. Das Zugriffsrecht AUTHOR ermöglicht das Hinzufügen von Kommentaren zu eigenen Ereignisdokumenten. Der Besitz des Zugriffsrechts EDITOR erweitert diese Möglichkeit auf Ereignisdokumente der Datenbank. Mit der Zuordnung einer oder beider Rollen kann die jeweilige Aktion in Abhängigkeit vom Zugriffsrecht auf eigene oder alle Ereignisdokumente ausgeführt werden.

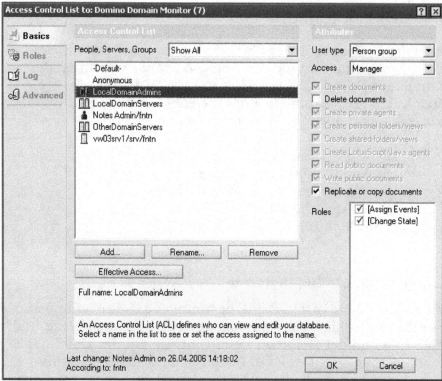

Zuordnung der Zugriffsrechte in der ACL der Datenbank DDM.NSF

Per Vorgabe ist für den Zugriff als -DEFAULT- und ANONYMOUS das Zugriffsrecht NO ACCESS eingerichtet.

Replikationseinstellungen

Mit der Einrichtung der Serverhierarchie wird automatisch in den Replikationseinstellungen der Datenbank DOMINO DOMAIN MONITORING eine Formel erstellt, über welche die selektive Replikation der Ereignisdokumente gesteuert wird. Verändern Sie diese Formel nicht. Anderenfalls besteht die Möglichkeit, dass das Sammeln der Ereignisdokumente über die Serverhierarchie nicht funktioniert.

Die Aufbewahrung der Dokumente in der Datenbank bestimmen Sie über die Einstellung REMOVE DOCUMENTS NOT MODIFIED IN THE LAST X DAYS. Nach Ablauf der vorgegebenen Zeitspanne werden Dokumente, die in den letzten x Tagen nicht verändert wurden, gelöscht.

✓ Wählen Sie die Datenbank DOMINO DOMAIN MONITORING.
✓ Öffnen Sie über den Menübefehl FILE / REPLICATION /SETTINGS das Dialogfenster REPLICATION SETTINGS FOR DOMINO DOMAIN MONITORING.
✓ Wechseln Sie auf das Register SPACE SAVERS.
✓ Kontrollieren Sie ob die Einstellung aktiviert ist und bestimmen Sie die Dauer für die Aufbewahrung der Dokumente.

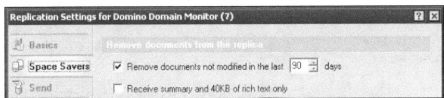

Aufbewahrungsdauer der Ereignisdokumente bestimmen

Dokumente auswerten

Den einzelnen Ereignisdokumenten können Sie eine Vielzahl von Informationen entnehmen. In der linken oberen Ecke steht der Status des Dokuments (OPEN, CLOSED, PERMANENTLY CLOSED). Daneben sind die Domäne und der Server, welcher das Ereignisdokument erstellt hat, aufgeführt. Für erweiterte Ereignisse wird rechts oben das Ziel des Ereignisses angegeben. Einfache Ereignisse besitzen kein Ziel, in diesem Fall entfällt die Angabe.

Im mittleren Teil finden Sie ausführliche Erläuterungen zum Ereignis: den Typ, den Schweregrad, die mögliche Ursache und eventuelle Vorschläge zur Lösung des Problems. In vielen Fällen besteht über die Schaltfläche CHOOSE SOLUTION die Möglichkeit eine direkte Lösungsaktion zu starten. In Abhängigkeit vom Ereignis werden mögliche Aktionen angeboten oder es erfolgt ein direkter Sprung an die Stelle, an welcher eine Aktion

Ihre Anmerkungen

ausgeführt werden soll. Bestehen zum Beispiel Probleme mit der ACL wird diese beim Betätigen der Schaltfläche geöffnet.

Im unteren Teil des Ereignisdokuments befindet sich die Dokumenthistorie.

Über die Schaltflächen ASSIGN, CHANGE STATE und ADD COMMENTS verwalten Sie das Ereignisdokument.

Manche Ereignisdokumente enthalten zwei Ereignisse. In diesem Fall werden die Informationen für beide angegeben. Dokumente mit zwei Ereignissen werden in den verschiedenen Ansichten der Datenbank mehrfach angezeigt.

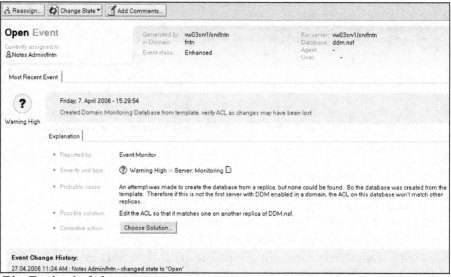

Ein Ereignisdokument

Dokumente zuweisen

Das Zuweisen von Ereignisdokumenten ist ein wesentlicher Bestandteil der Arbeit mit dem DDM in größeren Umgebungen. Probleme können anderen Administratoren zugeteilt und so die Administration der Domino Umgebung effektiv organisiert werden.

✓ Öffnen Sie ein Ereignisdokument.
✓ Klicken Sie auf die Schaltfläche ASSIGN.

✓ Wählen Sie die Option ADMINISTRATOR und bestimmen Sie über die Schaltfläche die Person, welche die weitere Bearbeitung des Ereignisses übernehmen soll.
Oder
Weisen Sie sich das Dokument über die Option MYSELF selbst zu.
✓ Geben Sie im Bedarfsfall einen Kommentar ein.
✓ Schließen Sie die Aktion mit OK ab.

Ihre Anmerkungen

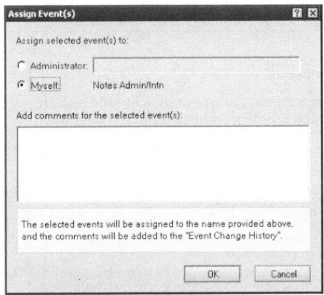

Ein Ereignisdokument zuweisen

Das Ereignisdokument wird in der Ansicht MY EVENTS für die ausgewählte Person angezeigt.

Nach der Zuweisung ändert sich die Schaltfläche ASSIGN in REASSIGN. Über diese ist jederzeit eine Zuweisung an eine andere als an die aktuell ausgewählte Person möglich.

Ihre Anmerkungen

Dokumentstatus ändern

Nach der Beseitigung der Ursache für das Ereignisdokument kann das Dokument über die Schaltfläche CHANGE STATE in den Status CLOSED oder PERMANENTLY CLOSED versetzt werden.

Sie können Dokumente mit dem Status CLOSED über CHANGE STATE - REOPEN EVENT wieder in den Status OPEN versetzen.

Dokumente kommentieren

Das Hinzufügen von Kommentaren ermöglicht eine spätere Verfolgung der für das Problem unternommenen Lösungsschritte.

Sie können Kommentare beim Ausführen der Aktion Zuweisen eines Dokuments, bei einer Statusänderung und direkt über die Schaltfläche ADD COMMENTS eingeben.

Dokumente Filtern

Je mehr Sie mit DDM arbeiten und Probes für verschiedene Zwecke erstellen und aktivieren, umso größer wird die Anzahl der Ergebnisdokumente in der Datenbank DOMINO DOMAIN MONITORING. Mit der Erstellung von Filtern haben Sie die Möglichkeit die Anzahl der Dokumente zu beschränken.

Die durch einen Filter ausgewählten Dokumente steuern Sie über vier Kriterien:

1) Wirkt der Filter nur für einfache Ereignisse oder für einfache und erweiterte Ereignisse?
2) Werden alle Ereignistypen aufgezeichnet oder nur ausgewählte?
3) Sollen Ereignisse aller Schweregrade registriert werden oder nur ausgewählte?

4) Gilt der Filter für alle Server der Domäne, für alle Server mit einer bestimmten Aufgabe oder nur für ausgewählte Server?

✓ Öffnen Sie die Datenbank MONITORING CONFIGURATION.
✓ Wechseln Sie in die Ansicht DDM CONFIGURATION - DDM PROBES - DDM FILTERS.
✓ Betätigen Sie die Schaltfläche NEW DDM FILTER.
✓ Vergeben Sie im Feld DESCRIPTION eine Beschreibung für den Filter.
✓ Wählen Sie im Bereich EVENT FILTER die Option APPLY FILTER TO ENHANCED AND SIMPLE EVENTS, um alle Ereignisdokumente auszuwählen.
   Oder
   Wählen Sie die Option ONLY APPLY FILTER TO SIMPLE EVENTS, um die Auswahl auf einfache Ereignisse zu beschränken.
✓ Aktivieren Sie im Bereich EVENT TYPES AND SEVERITYS TO LOG die Option LOG ALL EVENT TYPES und bestimmen Sie die Schweregrade bei welcher Ereignisdokumente aufgezeichnet werden sollen.
   Oder
   Aktivieren Sie die Option LOG SELECTED EVENT TYPES, wählen Sie die gewünschten Ereignistypen und für jeden Typ die Schweregrade.
✓ Bestimmen Sie im Bereich SERVERS ON WHICH THE FILTER WILL BE APPLIED die Server, für welche der Filter Gültigkeit besitzt.
✓ Speichern und schließen Sie das Filterdokument.

Ihre Anmerkungen

Ihre Anmerkungen

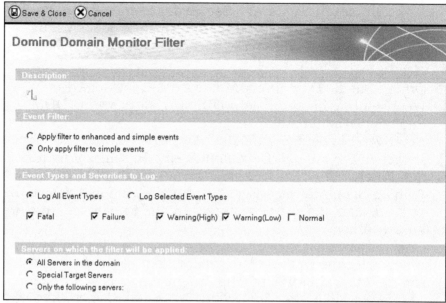

Einen Filter erstellen

5.5. DDM Konsolenkommandos

Für DDM stehen folgende Konsolenkommandos zur Verfügung:

`tell event dump-probes`	Der Befehl listet alle aktivierten Probes unter Angabe ihrer ID-Nummer auf.
`tell event run probe <IDNumber>`	Der Befehl führt die Probe mit der Nummer <IDNumber> direkt aus.
`tell event fire 0x<Wert>`	Erzeugt das Ereignis mit dem Wert <Wert>. Den Wert eines Ereignisses finden Sie in der Datenbank *EVENTS4.NSF*.
`tell event fire 0x<Wert> 0x<Wert>`	Erzeugt zwei Ereignisse und verbindet diese.

5.6. Zusammenfassen und Vertiefen

Domino Domain Monitoring (DDM) ist ein zentrales Überwachungswerkzeug für die gesamte Domäne.

DDM ermöglicht die Auswertung von Fehlern und Problemen sowie die Untersuchung von Zuständen und der Beanspruchung der Ressourcen.

Es ist möglich, vorhandene Konfigurationen in Hinblick auf Ihre Korrektheit und Vollständigkeit zu analysieren.

DDM nutzt die Elemente Probes (Untersuchungen), Serverhierarchie, Filter, Benutzerschnittstelle und Ereignisse.

Probes sind die Elemente, mit denen die Überwachung ausgeführt wird.

Voraussetzung für die Ausführung von DDM ist das Starten der Server-Task Event beim Start des Servers.

Probes werden in Typen und Subtypen untergliedert.

Es gibt neun Typen von Probes: APPLICATION CODE, DATABASE, DIRECTORY, MESSAGING, OPERATING SYSTEM, REPLICATION, SECURITY, SERVER und WEB PROBES.

Die Serverhierarchie ermöglicht, die Dokumente der einzelnen Datenbanken zentral zu sammeln.

Für den Datenaustausch müssen keine Replikationsformeln oder Verbindungsdokumente eingerichtet werden. Dies geschieht automatisch.

Filter steuern den Umfang der in der Datenbank DOMINO DOMAIN MONITOR gesammelten Informationen.

Filter steuern die Auswahl der Dokumente nach den Kriterien nur einfache oder einfache und erweiterte Ereignisse, Ereignistyp, Schweregrad und Server.

Ihre Anmerkungen

Die Konfiguration der Überwachung wird in der Datenbank MONITORING CONFIGURATION (*EVENTS4.NSF*) eingerichtet.

Die Erstellung der Serverhierarchie erfolgt in der Datenbank MONITORING CONFIGURATION (*EVENTS4.NSF*).

In der Datenbank DOMINO DOMAIN MONITORING (*DDM.NSF*) werden die Ergebnisdokumente der einzelnen Untersuchungen gespeichert.

Auftretende Ereignisse werden nach Status, Schwere und Typen gegliedert.

Ein Ereignis kann den Status OPEN, CLOSED oder PERMANENTLY CLOSED besitzen.

Bei der Schwere des Ereignisses wird zwischen FATAL, FAILURE, WARNING (HIGH), WARNING (LOW) und NORMAL unterschieden.

Bei den Typen unterscheidet man zwischen einfachen und erweiterten Ereignissen. Einfache Ereignisse sind Ereignisse, die an kein Ziel gebunden sind.

Die mit der Einrichtung des Servers automatisch vorhandenen Dokumente zur Beschreibung für die einzelnen Probes sind per Standard deaktiviert.

Die per Standard vorhandenen Untersuchungsdokumente können Sie an Ihre Bedürfnisse anpassen.

Neue Probes sind sofort aktiviert.

In der Datenbank DOMINO DOMAIN MONITORING sind die beiden Rollen [ASSIGN EVENTS] und [CHANGE STATUS] definiert.

[ASSIGN EVENTS] ermöglicht, Ereignisdokumente anderen Administratoren zuzuweisen.

[CHANGE STATUS] erlaubt das Ändern des Status eines Ereignisdokuments.

Die Aufbewahrung der Dokumente in der Datenbank bestimmen Sie über die Einstellung REMOVE DOCUMENTS NOT MODIFIED IN THE LAST X DAYS in den Replikationsparametern der Datenbank.

Die Zuweisung der Dokumente erfolgt über die Schaltfläche ASSIGN des Ereignisdokuments.

Zugewiesene Dokumente können über REASSIGN anderen Personen zugewiesen werden.

Die Änderungen des Dokumentstatus nehmen Sie mit der Schaltfläche CHANGE STATE vor.

Sie können Dokumente mit dem Status CLOSED über CHANGE STATE - REOPEN EVENT wieder in den Status OPEN versetzen.

Für DDM gibt es die Konsolen Kommandos `tell event dumpprobes`, `tell event run probe <IDNumber>`, `tell event fire 0x<Wert>` und `tell event fire 0x<Wert> 0x<Wert>`.

5.7. Übungen

Erstellen Sie eine Serverhierarchie.

Aktivieren Sie einige Standardprobes.

Erstellen Sie eine eigene Probes zur Überwachung der ACL einer Datenbank.

Analysieren Sie die vorhandenen Ereignisdokumente in der Datenbank Domino Domain Monitoring. Weisen Sie Ereignisdokumente anderen Administratoren zu. Testen Sie die Funktionen zur Änderung des Status und zur Vergabe von Kommentaren.

Ihre Anmerkungen

6. Serverüberwachung

Stichworte

Was verbirgt sich hinter der Funktion Automatic Server Recovery? Welche neuen Einstellungsmöglichkeiten gibt es für die automatische Diagnosesammlung (Automatic Diagnostic Collection)? Was ist der Fault Analyzer? Wie wird er konfiguriert? Welche Möglichkeiten bietet Tivoli Advanced Monitoring? Wie werden die Activity Trends konfiguriert? Wo werden die Ergebnisse der Aufzeichnung der Activity Trends angezeigt? Was ist die Serverzustandsüberwachung? Wie wird sie eingerichtet? Wo sind die Ergebnisse zu sehen? Welche neuen Aktionen gibt es für Event-Handler? Was wurde bei der Aktion RUN PROGRAM des Event Handlers verändert? Wie wird die Ausgabe der Meldungs-ID und -Schwere auf der Serverkonsole aktiviert? Wie werden Statusmitteilungen in die *LOG.NSF* geschrieben? Kann man diese Meldungen in eine externe Datei schreiben?

Themen

- ➢ "Hängende" Server automatisch herunterfahren
- ➢ Automatic Diagnostic Collection
- ➢ Analyse der automatischen Datensammlung mit dem Fault Analyzer
- ➢ Activity Trends einrichten
- ➢ Serverzustandsüberwachung (Server Health Monitoring) aktivieren
- ➢ Serverzustandsüberwachung konfigurieren
- ➢ Neue Aktionen für den Event-Handler
- ➢ Erweiterung der Aktion RUN PROGRAM im Event-Handler
- ➢ Meldungs-ID auf der Serverkonsole anzeigen
- ➢ Statusmitteilungen in die Log- oder in eine externe Datei schreiben

Lernziel

> ➢ Kenntnis der neben dem Domain Monitor Monitoring neuen und erweiterten Funktionen zur Serverüberwachung

Voraussetzungen

> ➢ Sichere Administrationskenntnisse in Lotus Notes Domino 6

Ihre Anmerkungen

Ihre Anmerkungen

6.1. Serverwiederherstellung

Server Recovery

Die Funktion Server Recovery gibt es bereits in der Version Notes Domino 6. Der Bereich für die Konfiguration der Funktion auf dem Register BASICS des Serverdokuments wurde in der Version in AUTOMATIC SERVER RECOVERY umbenannt.

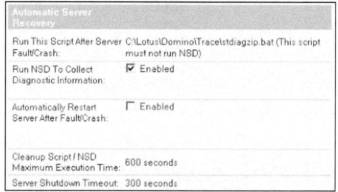

Konfiguration der Funktion Automatic Server Recovery

In diesem Bereich steht Ihnen ein neues Feld mit dem Namen SERVER SHUTDOWN TIMEOUT zur Verfügung.

Bleibt der Server während der Ausführung des Befehls `quit` oder `restart` stehen wird er nach Ablauf der im Feld vorgegebenen Zeit automatisch heruntergefahren. Dabei wird die Zeit nach dem erfolgreichen Stoppen jeder einzelnen Task zurückgesetzt. Für das automatische Herunterfahren des Servers muss also das Beenden einer einzelnen Task länger dauern als die im Feld SERVER SHUTDOWN TIMEOUT angegebene Zeitspanne.

Ist das automatische Herunterfahren notwendig, wird der Prozess von der Server-Task SHUTDOWN MONITOR gesteuert. Eine NSD-Logdatei wird dabei erstellt. Diese wird in der Version 7 nicht mehr direkt im *data* sondern im Verzeichnis *ibm_technical_support* gespeichert.

Durch die Eingabe des Wertes 0 kann die Funktion außer Kraft gesetzt werden. Maximal kann eine Zeitspanne von 30 Minuten (1800) festgelegt werden.

| | Ihre Anmerkungen |

Durch das Setzen des Parameters
SHUTDOWN_MONITOR_DISABLED auf den Wert 1 in der *NOTES.INI*
des Servers kann die Funktion deaktiviert werden.

Automatische Diagnosesammlung

Die automatische Diagnosesammlung (Automatic Diagnostic
Collection, ADC) ist ebenfalls keine neue Funktion des Domino
7 Servers. Es gibt jedoch eine Reihe von neuen Optionen zu
ihrer Konfiguration.

- ✓ Öffnen Sie das Konfigurationsdokument des Servers.
- ✓ Wechseln Sie auf das Register DIAGNOSTICS.
- ✓ Bestimmen Sie im Feld MAXIMUM SIZE OF NSD OUTPUT TO
  ATTACH (IN MB) die Größe der NSD Datei, welche an den
  Report angehangen wird der in die Mail-In-Datenbank
  gesendet wird.
- ✓ Legen Sie den Umfang des Logs der Konsolenausgaben fest,
  welches an das Reportdokument angehangen wird. Die
  Konsolenausgaben kommen je nach Serverbetriebsart ent-
  weder vom Controller bzw. Konsolen Log oder, wenn keine
  der beiden Log-Dateien verfügbar ist, aus der Datei
  LOG.NSF.
- ✓ Um andere als die Standarddateien (Memory dump
  Dateien, NSD Dateien) an das Reportdokument anzuhän-
  gen nutzen Sie das Feld DIAGNOSTIC FILE PATTERNS. Die
  Verwendung des Wildcards * ist dabei möglich.
- ✓ Speichern und schließen Sie das Konfigurationsdokument.

Diagnostic Collection Options	
Mail-in Database for diagnostic reports:	▼
Maximum size of diagnostic message including attachments (in MB):	5
Maximum size of NSD output to attach (in MB):	2
Maximum amount of console output file to attach (in KB):	10240
Diagnostic file patterns:	
Remove diagnostic files after a specified number of days:	No ▼

Neue Einstellungsmöglichkeiten für die ADC

Ihre Anmerkungen	

$\mathcal{6o}$

Zur Sammlung von Informationen bei einem Crash des Clients können Sie diese neuen Optionen auch in einem Desktop-Einstellungsdokument nutzen.

Fault Analyzer

Neu in der Version 7 ist der Fault Analyzer. Diese Server-Task analysiert die Reportdokumente, welche in Folge eines Absturzes an die Mail-In-Datenbank für die automatische Datensammlung gesendet werden. Dabei prüft Fault Analyzer für jedes neue Dokument, ob in der Datenbank bereits ein Reportdokument vorhanden ist, aus dem hervorgeht dass der aktuelle Absturz einem früheren Absturz ähnelt. Abstürze mit identischen oder ähnlichen Ursachen werden in Antwortdokumenten zusammengefasst. Für identische Abstürze werden die Antwortdokumente EXACT MATCH FAULT REPORT für ähnliche PARTIAL MATCH FAULT REPORT verwendet. Letzteres gibt über einen Prozentwert den Grad der Ähnlichkeit zwischen den einzelnen Abstürzen an.

Kennzeichnen Sie ein Reportdokument als RESOLVED werden folgende Abstürze mit der gleichen/ähnlichen Ursache nicht mehr als Antwort, sondern als neues Hauptdokument in der Ansicht der Mail-In-Datenbank angezeigt.

Der Fault Analyzer wird im Konfigurationsdokument des Servers eingerichtet.

✓ Öffnen Sie das Konfigurationsdokument des Servers.
✓ Wechseln Sie auf das Register DIAGNOSTICS.
✓ Aktivieren Sie den Fault Analyzer durch die Auswahl des Eintrags YES im Feld RUN FAULT ANALYZER ON FAULT DBS ON THIS SERVER.
✓ Im Feld RUN FAULT ANALYZER ON bestimmen Sie ob der Fault Analyzer auf alle Diagnosedatenbanken auf dem Server angewandt wird (ALL MAIL-IN DATABASES ON THIS SERVER) oder nur für ausgewählte Mail-In-Datenbanken (SPECIFIC MAIL-IN DATABASES).

✓ Werden nur ausgewählte Datenbanken analysiert, legen Sie diese im Feld DATABASES TO RUN FAULT ANALYZER AGAINST fest. ✓ Wählen Sie im Feld REMOVE ATTACHMENTS FROM DUPLICATE FAULTS den Eintrag YES, wenn bei Antwortdokumenten für identische oder ähnliche Abstürze die angehangenen Dateien gelöscht werden sollen. ✓ Speichern und schließen Sie das Konfigurationsdokument.	Ihre Anmerkungen

Fault Analyzer	
Run FaultAnalyzer on Fault DBs on this server:	Yes
Run Fault Analyzer on:	Specific mail-in databases
Databases to run fault analyzer against:	
Remove attachments from duplicate faults:	No

Aktivierung des Fault Analyzers

6.2. Tivoli Advanced Monitoring

Bereits in der Version 6 bestand die Möglichkeit den Tivoli Analyzer zu nutzen. Allerdings war dafür der Erwerb einer gesonderten Lizenz notwendig. In der Version 7 von Lotus Notes Domino ist diese Lizenz in der Lizenz für den Domino Server integriert.

Funktional gibt es keine Erweiterungen. Es stehen die Funktionen Activity Trends und Server Health Monitoring zur Verfügung.

Activity Trends

Activity Trends erstellt Statistiken über Server, Benutzer und Datenbanken. Die benötigten Informationen werden aus dem Server Log und der Datenbank Activity Log entnommen. Bevor Sie die Funktion Activity Trends nutzen können müssen Sie diese und das Activity Logging im Konfigurationsdokument des Servers aktivieren.

Ihre Anmerkungen

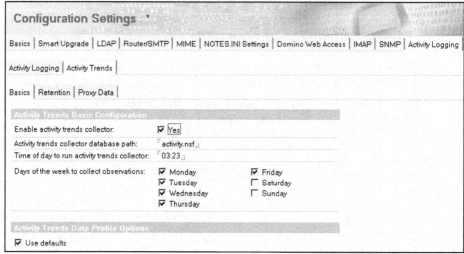

Activity Trends aktivieren

✓ Öffnen Sie das Konfigurationsdokument des Servers.
✓ Wechseln Sie auf das Register ACTIVITY LOGGING.
✓ Aktivieren Sie auf dem Unterregister die Kontrollfelder ACTIVITY LOGGING IS ENABLED, LOG CHECKPOINT AT MIFNIGHT und LOG CHECKPOINTS FOR PRIME SHIFT.
✓ Wechseln Sie auf das Unterregister ACTIVITY TRENDS.
✓ Aktivieren Sie auf dem Unterregister BASICS das Kontrollfeld ENABLE ACTIVITY TRENDS COLLECTOR.
✓ Konfigurieren Sie die weiteren Einstellungen oder belassen Sie die Standardwerte.
✓ Speichern und schließen Sie das Konfigurationsdokument.

Die Statistiken sehen Sie in der Datenbank *ACTIVITY.NSF* oder im Administrator Client auf dem Register SERVER, Unterregister PERFORMANCE in der Ansicht ACTIVITY TRENDS.

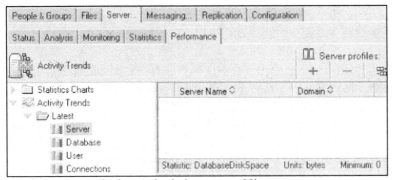

Activity Trends im Administrator Client

Als Ergebnis der Activity Trends können Sie den Workload zwischen den einzelnen Servern vergleichen und mittels des Domino Change Managers Aufgaben umverteilen.

Server Health Monitor

Die Serverzustandsüberwachung (Server Health Monitor) berechnet aus Statistiken für den Server und seine einzelnen Komponenten, zum Beispiel CPU- und Arbeitsspeicherauslastung, Indizes im Wertebereich von 0 bis 100. Diese werden mit zwei Vorgaben - einem Warnschwellwert und einem kritischen Wert verglichen. An Hand der Ergebnisse wird eine Serverzustandsbeschreibung angegeben - HEALTHY (Index kleiner Warnschwellwert), WARNING (Index größer Warnschwellwert, kleiner kritischer Wert) oder CRITICAL (Index größer kritischer Wert). Für die Zustandsbeschreibung werden verschiedenfarbige Thermometer angezeigt. So signalisiert ein grünes Thermometer den Zustand HEALTHY, ein gelbes den Zustand WARNING und ein rotes den Zustand CRITICAL.

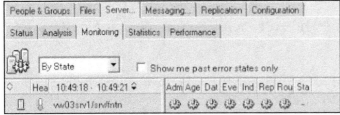

Anzeige des Serverzustands auf dem Unterregister MONITORING

| Ihre Anmerkungen | Die Aktivierung der Serverzustandsüberwachung nehmen Sie im Dialogfenster ADMINISTRATION PREFERENCES vor. |

Die Aktivierung der Serverzustandsüberwachung nehmen Sie im Dialogfenster ADMINISTRATION PREFERENCES vor.

✓ Wählen Sie den Menüpunkt FILE / PREFERENCES / ADMINISTRATION PREFERENCES.

✓ Wechseln Sie auf das Register MONITORING.

✓ Aktivieren Sie das Kontrollfeld GENERATE SERVER HEALTH STATISTICS REPORTS.

✓ Schließen Sie das Dialogfenster mit OK.

✓ Starten Sie den Server neu.

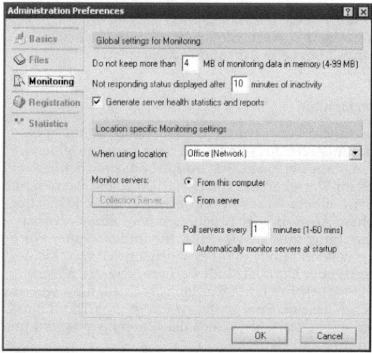

Aktivierung der Serverzustandsüberwachung

Um den Serverzustand zu sehen müssen Sie den Monitoringprozess starten.

✓ Wechseln Sie im Administrator Client auf das Register SERVER, Unterregister MONITOR.

✓ Betätigen Sie die Schaltfläche START.

Ist die Serverzustandsüberwachung aktiviert, werden die Informationen in der Datenbank *DOMMON.NSF* erfasst. Diese können Sie direkt aus der Anzeige des Registers MONITORING öffnen.

Klicken Sie mit der rechten Maustaste auf den Namen eines Servers.
Wählen Sie im Kontextmenü den Menüpunkt SWITCH TO HEALTH REPORTS.

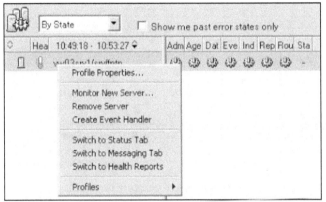

Aufruf der Datenbank DOMMON.NSF

Die Ansichten CURRENT REPORTS und HISTORICAL REPORTS zeigen aktuelle und gespeicherte Zustandberichte. Der Abstand der Speicherung wird im Dialogfenster ADMINISTRATION PREFERENCES auf dem Register STATISTICS im Feld GENERATE REPORTS EVERY X MINUTES festgelegt.

Health Monitoring	Server ^	Index	Rating	Value
Health Reports	▼ vw03srv1/srv/fntn	Overall Health	Healthy	2
Current Reports		CPU Utilization	Healthy	2
Historical Reports		HTTP Response	Healthy	1
Configuration		LDAP Response	Healthy	1
Server Components		Mail Delivery Latency	Healthy	1
Index Thresholds		Network Utilization	Healthy	1
		NRPC Name Lookup	Healthy	1
		Server Response	Healthy	1

Ansicht CURRENT REPORTS der Datenbank DOMMON.NSF

Ihre Anmerkungen

In der Ansicht SERVER COMPONENTS können Sie nach Auswahl
eines Servers über die Schaltfläche EDIT SERVER DOCUMENT
festlegen, welche Serverkomponenten überwacht werden.

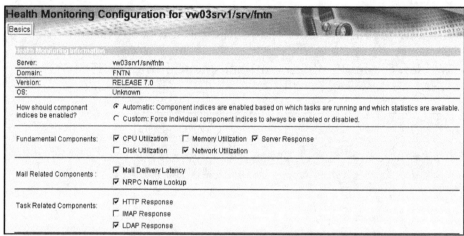

*Konfiguration der Komponenten der Serverzustandsüber-
wachung*

Die Ansicht INDEX THRESHOLDS zeigt, kategorisiert nach
verschiedenen Betriebssystemen, die definierten Warnschwell-
und kritischen Werte. Änderungen nehmen Sie nach dem
Öffnen der einzelnen Dokumente vor.

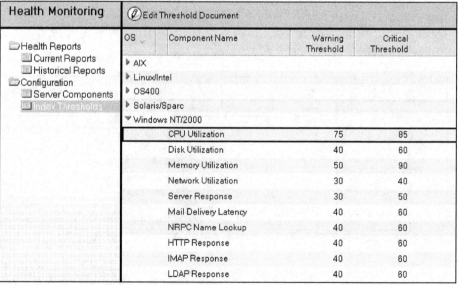

Anzeige der definierten Warnschwell- und kritischen Werte

6.3. Event Handler Actions

In der Datenbank MONITORING CONFIGURATION (*EVENTS4.NSF*) sind eine Vielzahl von Ereignis-Handlern definiert, welche bei Eintritt eines bestimmten Ereignisses eine bestimmte Aktion ausführen. Die ein Ereignis auslösende Bedingung kann zum Beispiel das Auftreten eines Fehlers oder das Überschreiten eines Schwellwertes sein.

Analog zu den bisherigen Versionen von Lotus Notes Domino können Sie die vordefinierten Ereignis-Handler anpassen oder eigene erstellen. Dafür stehen Ihnen in der Version 7 drei neue Aktionen zur Verfügung:

> RUN AN AGENT
> SEND JAVA CONTROLLER COMMAND
> SEND A CONSOLE COMMAND TO THE SERVER

Außerdem wurden die Möglichkeiten der Aktion RUN PROGRAM erweitert.

Einen Agenten starten

Die Aktion RUN AN AGENT ermöglicht das Ausführen eines beliebigen Agenten einer frei auszuwählenden Datenbank. An den Agenten werden der Auslöser sowie die Schwere des Ereignisses und, wenn von Ihnen definiert, ein zusätzlicher Text übergeben.

✓ Öffnen Sie im Administrator Client auf dem Register CONFIGURATION die Ansicht MONITORING CONFIGURATION - EVENT HANDLERS - ALL.
✓ Klicken Sie auf die Schaltfläche NEW EVENT HANDLER.
✓ Nehmen Sie auf den Registern BASICS und EVENT die benötigten Einstellungen für den Event-Handler vor.
✓ Wechseln Sie auf das Register ACTION.
✓ Wählen Sie unter METHOD den Eintrag RUN AN AGENT.
✓ Bestimmen Sie im Feld AGENT DATABASE die Datenbank in der sich der auszuführende Agent befindet.
✓ Geben Sie den Namen des Agenten im Feld AGENT NAME ein.

| Ihre Anmerkungen | ✓ Einen an den Agent zu übergebenden Text tragen Sie in das Feld AGENT PARAMETERS ein.
✓ Speichern und schließen Sie das Dokument für den Ereignis-Handler. |

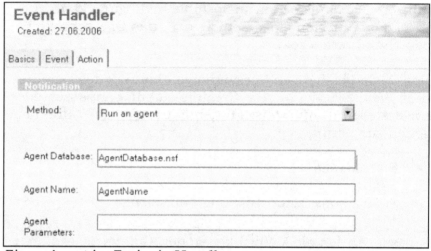

Einen Agent im Ereignis-Handler starten

Einen Konsolenbefehl an den Server senden

Wollen Sie über einen Ereignis-Handler ein Kommando an den Server senden ist es von entscheidender Bedeutung, ob der Server unter dem Java Controller läuft oder nicht. Ist dies nicht der Fall, können Sie mit der Aktion SEND A CONSOLE COMMAND TO THE SERVER einen Konsolenbefehl an den Server senden. Es ist dabei möglich, sowohl einen als auch mehrere durch Kommatas getrennte Kommandos an den Server zu senden. Es stehen alle Konsolenbefehle zur Verfügung. Die auszuführenden Kommandos müssen in einfache Anführungs-zeichen gesetzt werden.

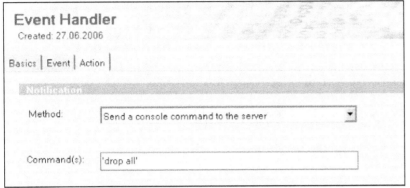

Im Ereignis-Handler ein Kommando an den Server senden

Der Aufruf eines Konsolenskripts ist an dieser Stelle ebenfalls möglich.

Ein Befehl an den Java Controller senden

Läuft der Server unter dem Java Controller, müssen Sie statt der Aktion SEND A CONSOLE COMMAND TO THE SERVER die Aktion SEND JAVA CONTROLLER COMMAND verwenden.

Bei dieser Variante stehen Ihnen nur drei Befehle zur Verfügung: `restart Domino`, `start Domino` und `shutdown Domino`.

Beachten Sie, dass Java case-sensitive ist.

Damit Sie eines der Kommandos an den Java Controller senden können, müssen zwei Voraussetzungen erfüllt sein.

Zum einen benötigt die Event-Task einen Benutzernamen und das zugehörige Internet-Kennwort mit dem der Zugriff auf den Java Controller erfolgen sollen.

Ihre Anmerkungen

| Ihre Anmerkungen | ✓ Rufen Sie den Menüpunkt CONFIGURATION / CERTIFICA-TION / SET SERVER CONTROLLER'S ID auf.
✓ Geben Sie im Dialogfenster den zu verwendenden Benutzernamen und das zugehörige Passwort (zweimal) ein. Bestätigen Sie die Angaben mit OK. |

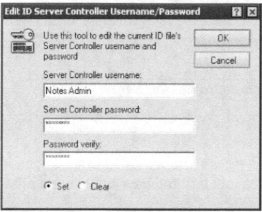

Festlegen der ID für den Controllerzugriff

Zum zweiten benötigen Sie ein Verbindungsdokument für den Server, auf dem der Server-Controller läuft.

✓ Wechseln Sie im Administrator Client auf das Register CONFIGURATION.
✓ Wählen Sie die Ansicht SERVER - CONNECTION.
✓ Öffnen Sie ein vorhandenes oder erstellen Sie ein neues Verbindungsdokument.
✓ Achten Sie darauf dass die beiden Felder USE THE PORT(S) und OPTIONAL NETWORK ADDRESS ausgefüllt sind.

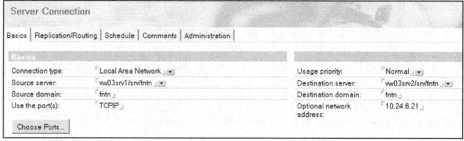

Erstellen eines Verbindungsdokuments

Ein Programm starten

Das Ereignis RUN PROGRAM bietet in der Version 7 mehr Möglichkeiten. Sie können jetzt an das zu startende Programm Parameter übergeben. Dies sind neben anderen der Ereignistyp, die Ereignisdringlichkeit und der Fehlercode. Dabei werden mit Ausnahme des Fehlercodes alle Parameter als Texte übergeben. Der Fehlercode wird als Zahl angegeben. Zusätzlich können Sie Schalter für die Ereignisparameter übergeben. Damit besitzen Sie die Möglichkeit ein Programm zu schreiben, welches die Behandlung einer Vielzahl von Ereignissen übernimmt.

Ereignis-Handler vorheriger Versionen, welche die Aktion RUN PROGRAM verwenden, müssen für den Einsatz unter Domino 7 neu erstellt oder zumindest bearbeitet und gespeichert werden.

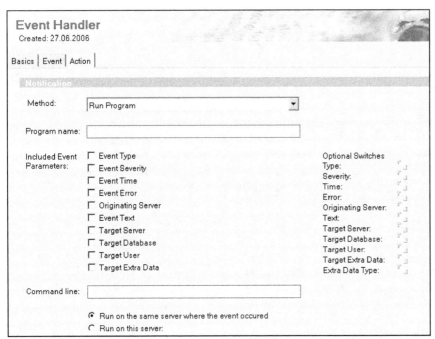

Einstellungsmöglichkeiten für den Ereignis-Handler RUN PROGRAM

6.4. Weitere Verbesserungen des Server Monitoring

Server Console Message ID and Severity

Um die Aussagefähigkeit der Ausgaben der Serverkonsole zu erhöhen können Sie zwei neue *NOTES.INI* Parameter verwenden.

Display_MessageID =1	Dieser Parameter sorgt dafür, das vor einer Meldung auf der Serverkonsole zusätzlich der Name der Server-Task, welcher die Meldung verursacht und die ID in der Form {<Task>:#<MessageID>}<Message> ausgegeben werden.
Display_Message-Severity=1	Ereignissen sind unterschiedliche Schweregrade zugeordnet: Fatal (01), Failure (02), Warning (High) (03), Warning (Low) (04) und Normal (05). Der Parameter sorgt dafür, dass diese mit ausgegeben werden. {<Task>:#<MessageID>:<Nr>}<Message>

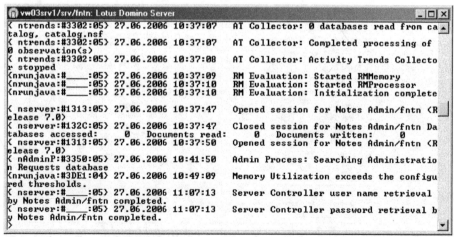

Konsole mit erweiterten Informationen

Statusmeldungen in eine Protokolldatei schreiben

Die Protokollierung von Statuszeilenmeldungen in die *LOG.NSF* kann Ihnen bei der Fehlersuche behilflich sein. Sie aktivieren diese Funktion durch den Eintrag LOGSTATUSBAR=1 in der Datei *NOTES.INI*. Um Meldungen in der Datei zu kennzeichnen, wird an die Meldungen der Text `Status Msg` angehängt.

Alternativ können Sie die Meldungen der Statusleiste in eine Datei schreiben. Dazu verwenden Sie zusätzlich den Eintrag

```
Debug_Outfile=<Pfad/Dateiname>
```

in der Datei *NOTES.INI*.

6.5. Zusammenfassen und Vertiefen

Der Bereich für die Konfiguration der Funktion automatische Diagnosesammlung (Automatic Diagnostic Collection, ADC) auf dem Register BASICS des Serverdokuments wurde in der Version 7 in AUTOMATIC SERVER RECOVERY umbenannt.

Die Angabe einer Zeitspanne im Feld SERVER SHUTDOWN TIMEOUT im Bereich AUTOMATIC SERVER RECOVERY ermöglicht das automatische Herunterfahren eines "hängenden" Servers.

Für die automatische Diagnosesammlung (Automatic Diagnostic Collection) können die Größe und die Art der an die Reportdatei anzuhängenden Informationen bestimmt werden.

Die Server-Task Fault Analyzer analysiert die Reportdokumente, welche in Folge eines Absturzes an die Mail-In-Datenbank für die automatische Datensammlung gesendet werden.

Abstürze mit identischen oder ähnlichen Ursachen werden in Antwortdokumenten zusammengefasst. Die angehangenen Dateien können in den Antwortdokumenten automatisch gelöscht werden.

Der Fault Analyzer wird im Konfigurationsdokument des Servers eingerichtet.

Der Tivoli Analyzer ist in der Version 7 von Lotus Notes Domino in die Lizenz für den Domino Server integriert. Er umfasst die Funktionen Activity Trends und Server Health Monitoring.

Activity Trends erstellt Statistiken über Server, Benutzer und Datenbanken und wird im Konfigurationsdokument des Servers aktiviert. Activity Logging muss ebenfalls aktiviert sein, um die Activity Trends nutzen zu können.

Die von Activity Trends erzeugten Statistiken werden in der Datenbank *ACTIVITY.NSF* und im Administrator Client auf dem Register SERVER, Unterregister PERFORMANCE angezeigt.

Die Serverzustandsüberwachung vergleicht berechnete Indizes mit eingestellten Schwellwerten. Sie wird im Dialogfenster ADMINISTRATION PREFERENCES auf dem Register MONITORING im Kontrollfeld GENERATE SERVER HEALTH STATISTICS REPORTS aktiviert.

Damit die Zustandsüberwachung ausgeführt wird, muss der Monitoringprozess für den Server gestartet sein. Die möglichen Zustände HEALTHY, WARNING und CRITICAL werden durch verschiedenfarbige Thermometer gekennzeichnet.

Die Ergebnisse der Serverzustandsüberwachung werden in der Datenbank *DOMMON.NSF* in den Ansichten CURRENT REPORTS und HISTORICAL REPORTS angezeigt.

Die Auswahl der zu überwachenden Serverkomponenten erfolgt in der Ansicht SERVER COMPONENTS. Die Vergleichswerte werden in der Ansicht INDEX THRESHOLDS festgelegt.

Im Ereignis-Handler stehen die drei neuen Aktionen RUN AN AGENT, SEND JAVA CONTROLLER COMMAND und SEND A CONSOLE COMMAND TO THE SERVER zur Verfügung.

Die Aktion RUN AN AGENT kann einen beliebigen Agenten einer beliebigen Datenbank starten.

Die Aktion SEND JAVA CONTROLLER COMMAND wird nur ausgeführt, wenn der Domino Server mit dem Java Controller läuft.
Es stehen nur die Befehle `restart Domino`, `start Domino`
und `shutdown Domino` zur Verfügung.

Für die Aktion SEND JAVA CONTROLLER COMMAND müssen ein
korrekt eingerichtetes Verbindungsdokument und die
ID/Passwort Kombination für den Zugriff auf den Controller
vorhanden sein.

Die Aktion SEND A CONSOLE COMMAND TO THE SERVER kann jedes
Konsolenkommando verwenden. Die Übergabe mehrerer Kommandos ist möglich. Die Kommandos müssen in einfache An-
führungszeichen eingeschlossen werden.

Die Aktion RUN PROGRAM des Ereignis-Handlers bietet jetzt die
Möglichkeit, Parameter zu übergeben.

Statusmeldungen können mit dem *NOTES.INI* Parameter
LOGSTATUSBAR in die Logdatei geschrieben werden. Der zu-
sätzlich verwendete Parameter DEBUG_OUTFILE bewirkt die
Ausgabe in eine externe Datei.

6.6. Übungen

Richten Sie den Fault Analyzer ein.

Aktivieren Sie die Activity Trends.

Richten Sie die Serverzustandsüberwachung ein. Analysieren
Sie die Ergebnisse in der Datenbank *DOMMON.NSF*.

Erstellen Sie ein Ereignis und für dieses einen Event-Handler,
welcher die Aktion SEND A CONSOLE COMMAND TO THE SERVER verwendet. Kontrollieren Sie die Ausführung.

Richten Sie die Ausgabe der Statusmeldungen in eine externe
Datei ein.

Ihre Anmerkungen

7. Sicherheit

Stichworte

Welche Schlüsselstärken unterstützt Notes Domino 7? Wo wird die Schlüsselstärke für neue Benutzer festgelegt? Wie kann die verwendete Schlüsselstärke für vorhandene Benutzer nachträglich geändert werden? Wie wird die Schlüsselstärke für Zertifizierungs-IDs angepasst? Wie wird der automatische Schlüsseltausch für Benutzer eingerichtet? Welche Anforderungen werden in der Datenbank Administrationsanforderungen erstellt? Welche Aktionen muss der Administrator zum Abschluss der Aktion unternehmen? Wie wird die Schlüsselaktualisierung für Server eingerichtet? Welche Unterschiede gibt es im Vergleich zu den Einstellungsmöglichkeiten für Benutzerschlüssel? Wie kann die Zeitspanne ab der eine Meldung auf ein bald abgelaufenes Zertifikat hinweist, eingerichtet werden? Welche Verbesserungen gibt es bei SSO?

Themen

- ➤ Schlüsselstärken
- ➤ Automatischer Schlüsseltausch
- ➤ Benutzer-Schlüssel mit einem Sicherheits-Einstellungsdokument aktualisieren
- ➤ Serverschlüssel aktualisieren
- ➤ Meldung für abgelaufene Zertifikate steuern
- ➤ Single Sign On (SSO)

Lernziel

- ➤ Kenntnis der erweiterten Möglichkeiten der Sicherheitseinstellungen

Voraussetzungen

- ➤ Kenntnisse der von Notes Domino verwendeten Sicherheitstechniken und deren Anwendung

7.1. Schlüsselstärke

In der Version 7 von Lotus Notes Domino werden stärkere Schlüsselstärken unterstützt: 1024 Bit RSA Schlüssel und 128 Bit RC2 Schlüssel für Notes Verschlüsselungsoperationen.

Die Spezifikation des öffentlichen Schlüssels setzt der Administrator bei der Benutzerregistrierung fest. Auf dem Register ID INFO des Dialogfensters REGISTER PERSON - NEW ENTRY können Sie zwischen den Einträgen COMPATIBLE WITH ALL RELEASES (630 BITS) und COMPATIBLE WITH 6.0 AND LATER (1024 BITS) wählen. Die gewählte Spezifikation des öffentlichen Schlüssels beeinflusst den Schlüsselaustausch (Siehe Migration bestehender User-ID).

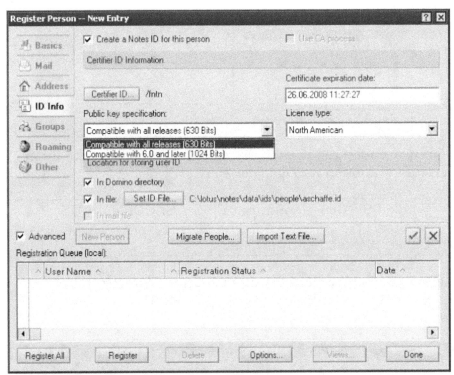

Bestimmung der Schlüsselspezifikation

Die Schlüsselstärke für neue Benutzer wird ebenfalls bei deren Registrierung bestimmt. Auf dem Register BASICS des Dialog-fenster REGISTER PERSON - NEW ENTRY können Sie nach einem Klick auf die Schaltfläche PASSWORD OPTIONS im Feld

ENCRYPTION STRENGTH die zu verwendende Schlüsselstärke fest-setzen. Dabei stehen 64 oder 128 Bit zur Auswahl. Setzen Sie die Schlüsselstärke in Abhängigkeit zum verwendeten RSA Schlüssel, beträgt diese 128 Bit für 1024 Bit große RSA Schlüssel und 64 Bit für kleinere RSA Schlüssel.

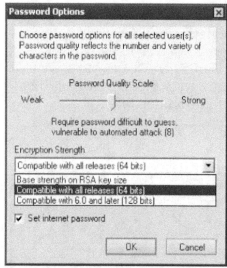

Schlüsselstärke bestimmen

Benutzer finden die für sie verwendete Schlüsselstärke unter den Informationen im Dialogfenster.

✓ Wählen Sie den Menüpunkt FILE / SECURITY / USER SECURITY.
✓ Geben Sie das Kennwort ein.

Die verwendete Schlüsselstärke wird auf dem Register SECURITY BASICS im Bereich WHO YOU ARE unter ID FILE ENCRYPTION STRENGTH angezeigt.

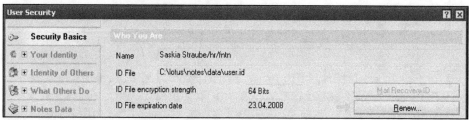

Anzeige der verwendeten Schlüsselstärke

Eine Änderung der verwendeten Schlüsselstärke ist in der Version 7 über die Aktualisierung des Kennworts möglich.

✓ Betätigen Sie die Schaltfläche CHANGE PASSWORD.
✓ Geben Sie das aktuelle Kennwort ein.
✓ Legen Sie in den Feldern ENTER NEW PASSWORD und RE-ENTER NEW PASSWORD ein neues Kennwort fest.
✓ Bestimmen Sie im Feld ENCRYPTION STRENGTH die zu verwendende Schlüsselstärke.
✓ Bestätigen Sie die Eingaben mit OK.

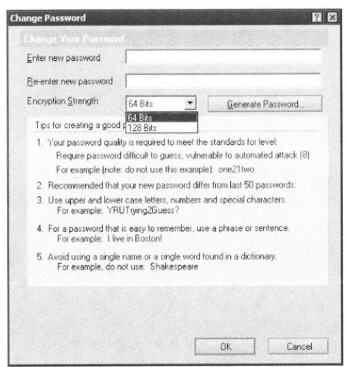

Schlüsselstärke nachträglich bestimmen

Die Vorgehensweise kann auch auf Zertifizierungs-IDs angewendet werden. Verwenden Sie zur Anzeige der Eigenschaften dieser IDs den Menüpunkt CONFIGURATION / CERTIFICATION / ID PROPERTIES.

7.2. Migration bestehender User-ID

Richtlinienbasierter Schlüsseltausch

Neben der beschriebenen Vorgehensweise zur manuellen Aktualisierung der Schlüsselstärke kann diese auch über den Schlüsseltausch für Benutzer und Server erfolgen.

In der Version 6 musste die Anforderung zur Erstellung eines neuen Schlüssels vom Benutzer erfolgen. In der Version 7 kann der Schlüsseltausch über ein Sicherheits-Einstellungs-dokument ausgelöst werden. Mögliche Auslöser können das Alter, die Größe oder das Erstellungsdatum des vorhandenen Schlüssels sein.

Bei einer Aktualisierung des Schlüssels werden die alten Schlüssel archiviert. Um sicherzustellen, dass mit alten Schlüsseln verschlüsselte Dokumente lesbar sind, verbleiben die archivierten Schlüssel in der ID.

Automatischer Schlüsseltausch für Benutzer

Um den automatischen Schlüsselaustausch für Benutzer einzurichten, erstellen Sie ein Sicherheits-Einstellungsdoku-ment.

✓ Öffnen Sie im Administrator Client das Register PEOPLE & GROUPS.
✓ Wechseln Sie in die Ansicht SETTINGS.
✓ Erstellen Sie über die Schaltfläche ADD SETTINGS - SECURITY ein neues Sicherheits-Einstellungsdokument.
✓ Vergeben Sie im Feld NAME des Registers BASICS einen Namen.
✓ Wechseln Sie auf das Register KEYS AND CERTIFICATES.

Ihre Anmerkungen

Security Settings : Basic

Basics | Password Management | Execution Control List | Keys and Certificates | Comments | Administration

Default Public Key Requirements

☐ Inherit Public Key Requirement Settings from Parent   ☐ Enforce Public Key Requirement Settings in Children

User Public Key Requirements

Minimum Allowable Key Strength:	Compatible with Release 6 and later (1024 bits) ▼
Maximum Allowable Key Strength:	Compatible with Release 6 and later (1024 bits) ▼
Preferred Key Strength:	Compatible with Release 6 and later (1024 bits) ▼
Maximum Allowable Age for Key:	36500 days
Earliest Allowable Key Creation Date:	01.08.1977
Spread new key generation for all users over this many days:	1 day ▼
Maximum number of days the old key should remain valid after the new key has been created:	365 days

Vorgabe der Schlüsselstärken

Die in den Feldern MINIMUM ALLOWABLE KEY STRENGTH und
MAXIMUM ALLOWABLE KEY STRENGTH festgelegten Schlüssel-
größen werden bei der Anwendung des Dokuments mit der
vorhandenen Schlüsselstärke der jeweiligen Benutzer-ID ver-
glichen. Liegt diese nicht innerhalb des Bereichs (Minimum <=
Aktuell <= Maximum), wird die Benutzer-ID auf die im Feld
PREFFERED KEY STRENGTH festgelegte Stärke aktualisiert. Ist die
aktuelle Benutzer-ID älter als die im Feld MAXIMUM ALLOWABLE
AGE OF KAY angegebene Anzahl Tage oder wurde sie vor dem im
Feld EARLIEST ALLOWABLE KEY CREATION DATE angegebenen
Datum erstellt, wird sie ebenfalls aktualisiert. Die Dauer der
Gültigkeit des alten Schlüssels bestimmen Sie im Feld
MAXIMUM NUMBER OF DAYS THE OLD KEY SHOULD REMAIN VALID
AFTER THE NEW KEY HAS BEEN CREATED.

Vermeiden Sie eine Überlastung des Servers bei einer Vielzahl
gleichzeitiger Schlüsselaktualisierungen indem Sie im Feld
SPREAD NEW KEY GENERATION FOR ALL USERS OVER THIS MANY DAYS
eine Zeitspanne festsetzen, in welcher die Aktualisierung der
Benutzer-IDs in einer zufälligen Reihenfolge erfolgt.

Ihre Anmerkungen

✓ Nehmen Sie die gewünschten Einstellungen vor.
✓ Speichern und schließen Sie das Sicherheits-Einstellungs-dokument.
✓ Ordnen Sie es einer Richtlinie zu.

Die in der Version 6 mögliche manuelle Anforderung eines neuen Schlüssels im Dialogfenster "Benutzersicherheit" durch einen Benutzer ist in Version 7 weiterhin möglich.

Nachdem die Richtlinie mit dem Sicherheits-Einstellungsdoku-ment erstellt wurde, wird der Benutzer bei der nächsten Au-thentifizierung mit seinem Home-Server aufgefordert die Er-stellung der neuen Schlüssel zu bestätigen.

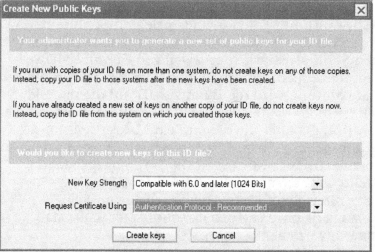

Aufforderung zur Bestätigung der Erneuerung der Schlüssel

Im Feld NEW KEY STRENGTH kann der Benutzer für den Fall, dass mehr als eine Schlüsselstärke erlaubt sind, die zu ver-wendende auswählen. Im Feld REQUEST CERTIFICATE USING wird bestimmt, auf welche Art und Weise die neuen Schlüssel in die Benutzer-ID übertragen werden. Der empfohlene Weg ist die Verwendung einer Anforderung an den Prozess AdminP (AUTHENTICATION PROTOCOL - RECOMMENDED). Dieser wird im Folgenden beschrieben.

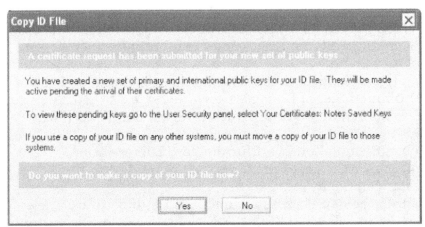

Alternativ kann über den Eintrag MAIL PROTOCOL der bis zur
Version 6 übliche Weg über das Versenden einer E-Mail
gewählt werden.

Nach der Auswahl AUTHENTICATION PROTOCOL - RECOMMENDED
und dem Betätigen der Schaltfläche CREATE KEYS werden die
Schlüssel in die ID kopiert. Es erfolgt eine Abfrage, ob von der
Benutzer-ID Kopien zur Verwendung auf anderen Systemen
erstellt werden sollen. Diese ist je nach Situation mit YES oder
NO zu beantworten.

Abfrage zur Kopieerstellung der ID

Nachdem der Benutzer den Prozess abgeschlossen hat, wird in
der Datenbank ADMINISTRATION REQUESTS (*ADMIN4.NSF*) eine
Anforderung für die Zertifizierung der neuen Schlüssel erstellt.
Diese müssen Sie als Administrator abschließen.

✓ Öffnen Sie im Administrator Client das Register SERVER -
  ANALYSIS.
✓ Wählen Sie die Ansicht ADMINISTRATION REQUESTS (6) -
  CERTIFY NEW KEY REQUESTS.

Für jeden Benutzer, der die Erstellung der neuen Schlüssel
bestätigt hat, existiert ein Anforderungsdokument.

Ihre Anmerkungen

Ihre Anmerkungen	

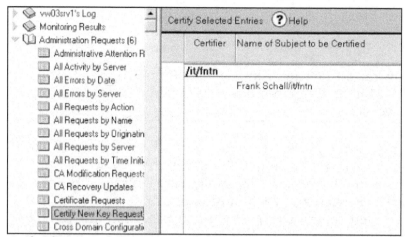

Anforderungsdokument zur Zertifizierung der neuen Schlüssel

✓ Wählen Sie ein oder mehrere Anforderungsdokumente aus. Dabei können Sie nur Dokumente innerhalb einer Kategorie auswählen.

✓ Betätigen Sie die Schaltfläche CERTIFY SELECTED ENTRIES.

✓ Bestimmen Sie im Dialogfenster CHOOSE A CERTIFIER den zu verwendenden Server und die zu verwendende Zertifizierer-ID.

✓ Geben Sie das Kennwort für die Zertifizierer-ID ein.

✓ Korrigieren Sie gegebenenfalls das Ablaufdatum und bestätigen Sie es mit OK.

✓ Führen Sie den Prozess für mehrere Benutzer durch, können Sie im Dialogfeld CERTIFY NEW KEYS die Zertifizierung für jeden einzelnen Benutzer mit OK bestätigen oder mit SKIP abbrechen.

✓ Kontrollieren Sie die korrekte Ausführung der Aktion(en) im Dialogfenster PROCESSING STATISTICS und schließen Sie sie mit OK ab.

Anschließend befindet sich in der Datenbank ADMINISTRATION REQUESTS (*ADMIN4.NSF*) für jeden Benutzer, für den der Prozess erfolgreich durchgeführt wurde, ein Dokument RECERTIFY PERSON IN DOMINO DIRECTORY.

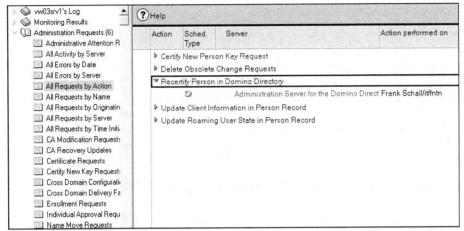

Dokument zur Rezertifizierung einer Person

Per Standard werden Anforderungen dieses Typs alle 60 Minuten vom Prozess AdminP abgearbeitet. Danach werden die neuen Schlüssel dem Benutzer zur Verfügung gestellt.

Bei der nächsten Authentifizierung mit seinem Home-Server wird der Benutzer dazu aufgefordert, die neuen Schlüssel zu akzeptieren.

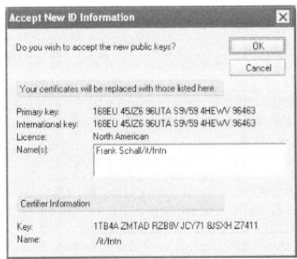

Bestätigung der neuen ID-Informationen durch den Benutzer

Ihre Anmerkungen

Ihre Anmerkungen

Serverschlüssel aktualisieren

Die Einstellungen für die Aktualisierung eines Schlüssels für eine Server-ID nehmen Sie im zugehörigen Serverdokument vor.

✓ Öffnen Sie das Serverdokument des Servers, dessen ID aktualisiert werden soll, im Bearbeitungsmodus.
✓ Wechseln Sie auf das Register ADMINISTRATION.

Die Felder entsprechen zum Großteil denen des Sicherheits-Einstellungsdokuments für Benutzer. Zusätzlich können Sie den Prozess zur Erneuerung der Schlüssel im Feld DON'T AUTOMATICALLY GENERATE A NEW KEY BEFORE an ein bestimmtes Startdatum binden.

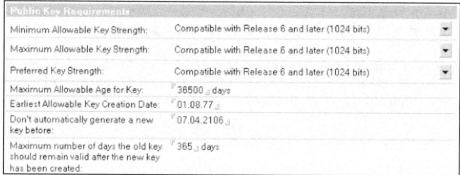

Schlüsseleinstellungen im Serverdokument

✓ Nehmen Sie die gewünschten Einstellungen vor.
✓ Speichern und schließen Sie das Serverdokument.
✓ Starten Sie den Server neu.

Analog zur Erneuerung der Schlüssel eines Benutzers wurde in der Datenbank ADMINISTRATION REQUESTS (*ADMIN4.NSF*) ein Anforderungsdokument erstellt. Die weitere Vorgehensweise entspricht ebenfalls der für Benutzer-ID geschilderten. Die nach der Zertifizierung des Anforderungsdokuments vom Prozess AdminP abzuarbeitende Anforderung heißt jedoch INITIATE RENAME IN DOMINO DIRECTORY (statt RECERTIFY PERSON IN DOMINO DIRECTORY).

7.3. Zertifikatsablaufwarnung

Wenn ein Benutzerzertifikat abläuft, erhalten die Benutzer rechtzeitig eine Mitteilung, dass das Zertifikat erneuert werden muss. In der Version 7 ist es möglich, die Zeitspanne für die Anzeige der Meldung zu steuern. In den vorherigen Versionen war diese fix auf 90 Tage gesetzt.

> ✓ Öffnen Sie ein Sicherheits-Einstellungsdokument.
> ✓ Wechseln Sie auf das Register KEYS AND CERTIFICATS.
> ✓ Legen Sie im Bereich CERTIFICATE EXPIRATION SETTINGS im Feld WARNING PERIOD die Zeitspanne fest.
> ✓ Geben Sie im Feld CUSTOM WARNING MESSAGE einen eigenen Mitteilungstext ein.
> ✓ Speichern und schließen Sie das Sicherheits-Einstellungs-dokument.
> ✓ Stellen Sie sicher, dass es einer Richtlinie zugeordnet ist.

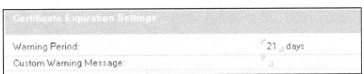

Zeitspanne für Zertifikatsablaufmitteilung festsetzen

7.4. Verbesserungen bei Single Sign On (SSO)

Um die einmalige Anmeldung (SSO) in einer gemischten Domino/WebSphere Umgebung nutzen zu können, fügt der Domino Server dem benötigten LTPA-Token den Namen des authentifizierten Benutzers hinzu. Dieser Name muss von WebSphere erkannt werden können. Ist dies nicht möglich, wird der Benutzer auch vom zweiten System zur Anmeldung aufgefordert - SSO schlägt fehl.

Werden in einer Umgebung mit mehreren Systemen mehrere Verzeichnisse verwendet, kommt es häufig zu diesem Szenario. Ursache dafür ist, dass ein Benutzer in jedem System einen anderen Namen besitzt.

Ihre Anmerkungen

In der Version 7 können Sie die Namen einander zuordnen indem Sie dem Benutzernamen, welcher im von Domino erstellten LTPA-Token enthalten ist jenen Namen zuordnen, der von WebSphere erwartet wird.

Gehen Sie folgendermaßen vor, wenn Sie in Ihrer Umgebung Domino SSO-Benutzer haben, deren Personendokumente im Domino Verzeichnis enthalten sind:

✓ Öffnen Sie das aktuelle Serverdokument.
✓ Erstellen Sie über die Schaltfläche CREATE WEB - SSO CONFIGURATION ein Web-SSO-Konfigurationsdokument.
✓ Wählen Sie im Feld MAP NAMES IN LTPA TOKEN den Eintrag ENABLED.
✓ Speichern und schließen Sie das Dokument.

Zuordnung der Namen aktivieren

Verwenden Sie die Internet-Site Einstellungen, erstellen Sie das Web-SSO-Konfigurationsdokument über die Ansicht WEB - INTERNET SITE und die Schaltfläche CREATE WEB SSO CONFIGURATION.

Die eigentliche Zuordnung des Namens nehmen Sie im Personendokument der Benutzer vor.

✓ Öffnen Sie das Personendokument des Benutzers, dessen Namen Sie zuordnen wollen, im Bearbeitungsmodus.

✓ Wechseln Sie auf das Register ADMINISTRATION. ✓ Geben Sie im Bereich Client Information im Feld LTPA USER NAME den zuzuordnenden Namen ein. ✓ Speichern und schließen Sie das Personendokument.	Ihre Anmerkungen

7.5. Zusammenfassen und Vertiefen

In der Version 7 von Lotus Notes Domino werden stärkere Schlüsselstärken unterstützt: 1024 Bit RSA Schlüssel und 128 Bit RC2 Schlüssel für Notes Verschlüsselungsoperationen.

Vorhandene Benutzer kontrollieren die verwendete Schlüsselstärke im Dialogfenster USER SECURITY auf dem Register SECURITY BASICS im Bereich WHO YOU ARE unter ID FILE ENCRYPTION STRENGTH.

Eine Änderung der verwendeten Schlüsselstärke ist in der Version 7 über die Aktualisierung des Kennworts im Feld ENCRYPTION STRENGTH möglich.

Die Aktualisierung der Schlüsselstärke kann über den Schlüsseltausch für Benutzer und Server erfolgen. In der Version 7 kann dieser über ein Sicherheits-Einstellungsdokument ausgelöst werden. Mögliche Auslöser können das Alter, die Größe oder das Erstellungsdatum des vorhandenen Schlüssels sein.

Hat ein Anwender nach der Authentifizierung mit seinem Home-Server die Erstellung der neuen Schlüssel angestoßen, wird in der Datenbank Administrationsanforderungen eine Anforderung für die Zertifizierung der neuen Schlüssel erstellt.

Zertifizierungsanforderungen müssen vom Administrator bestätigt werden. Dies führt zur Erstellung eines weiteren Anforderungsdokuments in der Datenbank ADMINISTRATIONSANFORDERUNGEN. Dieses wird innerhalb von 60 Minuten abgearbeitet.

Die Einstellungen für die Aktualisierung der Serverschlüssel befinden sich im Serverdokument auf dem Register ADMINISTRATION.

Die Aktualisierung der Serverschlüssel löst ebenfalls eine vom Administrator zu bestätigende Administrationsanforderung aus, welche nach der Bestätigung vom Administrationsprozess bearbeitet wird.

In einer gemischten Domino/WebSphere Umgebung können Benutzernamen den von Domino erstellten LTPA-Token zu geordnet werden, um SSO zu gewährleisten.

Die Zuordnung wird im Web-SSO-Konfigurationsdokument im Feld MAP NAMES IN LTPA TOKEN aktiviert.

Die Zuordnung der Namen erfolgt auf dem Register ADMINISTRATION des Personendokuments.

7.6. Übungen

Kontrollieren Sie die Schlüsselstärke Ihrer Benutzer-ID.

Registrieren Sie einen neuen Benutzer mit der Schlüsselspezifikation 630 Bit.
Richten Sie einen Client für den neuen Benutzer ein.

Erstellen Sie ein Sicherheits-Einstellungsdokument, um die Benutzer-ID auf 1024 Bit Verschlüsselung zu aktualisieren. Führen Sie den Aktualisierungsprozess durch.

Setzen Sie die Zeitspanne für die Meldung für abgelaufene Zertifikate fest. Definieren Sie eine eigene Meldung.

8. Weitere Neuerungen

Stichworte

Was ist Server.Load? Welche neuen Funktionen gibt es
in der Version 7 von Lotus Notes Domino für
Server.Load? Welche Merkmale zeichnen die Funktion
Autosave aus? Wie wird Autosave auf dem Notes Client
eingerichtet? Für welche Dokumente wird die Funktion
Autosave genutzt? Können Dokumente manuell zwi-
schengespeichert werden? In welcher Datenbank
werden die mit der Funktion Autosave gesicherten Dokumente abgelegt? Wo befindet sich diese Datenbank?
Wie heißt diese Datenbank? Wie können die
Dokumente wiederhergestellt werden? Wieso kann es
bei der Wiederherstellung zu Konflikten mit Originaldo-
kumenten kommen? Wie kann der Zustand der geöffneten Fenster im Notes Client für die nächste Arbeitssitzung gespeichert werden? Kann diese Einstellung
über eine Richtlinie gesteuert werden? Wie kann ich
alle offenen Fenster innerhalb des Notes Clients auf
einmal schließen? Wie kann ich die Abfrage beim
gleichzeitigen Schließen aller Fenster unterdrücken?

Themen

- ➢ Server.Load
- ➢ Die Funktion Autosave
- ➢ Autosave einrichten
- ➢ Dokumente wiederherstellen
- ➢ Beim Beenden des Notes Clients offene Fenster beim
  nächsten Start automatisch wieder öffnen
- ➢ Alle geöffneten Fenster auf einmal schließen
- ➢ Meldungen beim Beenden des Notes sowie des
  Administrator und des Designer Clients de- bzw.
  aktivieren

Ihre Anmerkungen

Lernziel

> ➢ Kenntnis der neuen Möglichkeiten von Server.Load und wichtiger Neuerungen im Notes Client

Voraussetzungen

> ➢ Kenntnisse des Servertests mit dem Utility Server.Load
> ➢ Sichere Notes Anwenderkenntnisse

8.1. Server.Load Befehle

Ihre Anmerkungen

Einführung

Mit Server.Load können Sie für einen Server Belastungstests durchführen, um seine verfügbaren Kapazitäten und Reaktionszeiten zu testen. Die Belastungstests werden in Form von Skripts erstellt. Diese verwenden eine einfache Kommandozeilensprache, die eine Vielzahl von Befehlen umfasst. Die Befehle können als Skripts zusammengefasst oder einzeln an den Server gesendet werden.

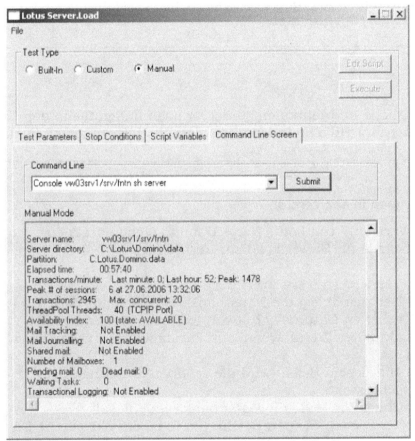

Ausführung eines Befehls im Server.Load Client

Neben der Erstellung eigener Skripts gibt es integrierte Skripts, welche bereits komplett zur Ausführung vorbereitet sind. Verwenden Sie Server.Load, haben Sie die volle Kontrolle über die

Testumgebung und die Variablen. Eine Auswertung der Serverleistung wird während des Tests in einem Fenster angezeigt.

Die eigentlichen Tests werden vom Client ausgeführt. Dieser erstellt die Anforderungen die der Server realisieren muss. Ein zu testender Server wird als SUT (Server under Test) bezeichnet. Eine Testkonfiguration besteht typischerweise aus einem bzw. mehreren Clients und einem SUT.

Um Server.Load zu nutzen, müssen Sie auf einem Client bei dessen Installation das Server.Load Utility ausgewählt haben und den Server einrichten.

Ausführliche Informationen zu Server.Load finden Sie in der Administrator Hilfe im Index unter dem Stichwort SERVER.LOAD - BESCHREIBUNG - SERVER.LOAD.

Neuerungen in der Version 7

In der Version 7 von Lotus Notes Domino stehen drei neue Skriptbefehle für Server.Load zur Verfügung:

> `SetReplID [<Datum/Zeitwert>]`
> Der Befehl legt die Datenbank-Replik-ID für den angegebenen Datums- /Zeitwert fest bzw. verwendete die aktuellen Werte, wenn kein Parameter übergeben wird.
> `DBClose`
> Mit diesem Befehl wird die geöffnete Datenbank geschlossen.
> `CheckForNewMail <Datenbank> [pushlocal]`
> Verwenden Sie den Befehl, um in einem Skript eine Datenbank auf neue Mail zu überprüfen. Soll die Replizierung in beide Richtungen erfolgen (Server und Lokal) geben Sie den Parameter [pushlocal] an.

Führen Sie auf einem Server Belastungstests durch, werden die gesammelten Daten von dem Skript *SHSTAT.SCR* erfasst. Das Skript "Belastungsdaten - Zusammenfassung" fasst die Leistungsdaten anschließend zusammen.

Ihre Anmerkungen

8.2. Autosave

Einführung

Die in der Version 7 von Lotus Notes eingeführte Funktion Autosave ermöglicht im Falle eines Absturzes des Notes Clients das Wiederherstellen von zu diesem Zeitpunkt bearbeiteten und noch nicht gespeicherten Dokumenten. Die Funktion Autosave besitzt folgende Merkmale:

➢ Offene Dokumente werden in einem festen Zeitabstand ohne Zutun des Benutzers in einer separaten Datenbank gespeichert

➢ Im Falle eines Absturzes können die Dokumente wiederhergestellt werden

➢ Autosave kann von Benutzern de- bzw. aktiviert werden

➢ Autosave kann von Administratoren über Richtlinien de- bzw. aktiviert werden

➢ Zusätzliche Serverbelastung wird vermieden

➢ Autosave kann für einzelne Masken de- bzw. aktiviert werden

➢ Autosave ist durch den Einsatz der lokalen Verschlüsselung sicher

Autosave einrichten

Damit die Funktion Autosave genutzt wird, müssen die Clienteinstellung aktiviert und für ausgewählte Masken die Maskeneigenschaft ALLOW AUTOSAVE gesetzt sein.

Nach der Installation ist die Funktion Autosave deaktiviert, um Leistungseinbußen bei älteren Client PCs zu vermeiden. Die

Ihre Anmerkungen

Aktivierung nehmen Sie in den Benutzervorgaben des Clients vor.

✓ Öffnen Sie im Notes Client über den Menüpunkt FILE / PREFERENCES / USER PREFERENCES das Dialogfenster USER PREFERENCES.
✓ Aktivieren Sie auf dem Register BASICS im Bereich STARTUP OPTIONS das Kontrollfeld AUTOSAVE ERVERY X MINUTES.
✓ Legen Sie ein Zeitintervall für die automatische Speicherung fest.
✓ Speichern Sie die Einstellungen mit OK.

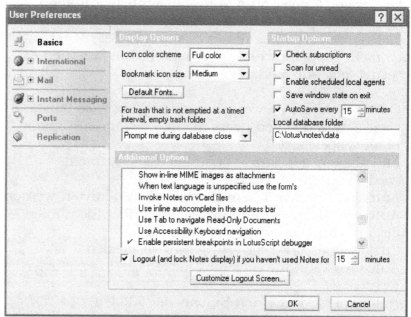

Autosave für den Notes Client aktivieren

✓ Starten Sie den Notes Client neu, damit die Veränderungen wirksam werden.

Die Einstellungen in den Benutzervorgaben werden in den beiden *NOTES.INI* Variablen Auto_Save_Enable (0 = deaktiviert, 1 = aktiviert) und Auto_Save_Interval gespeichert.

Damit ein Dokument über die Funktion Autosave gespeichert werden kann, muss für die zur Dokumenterstellung verwendete Maske die Maskeneigenschaft ALLOW AUTOSAVE aktiviert werden. In den mit Notes Domino 7 ausgelieferten Schablonen ist lediglich für die Maske MEMO in der Maildatenbank diese Eigenschaft aktiviert.

Ihre Anmerkungen

✓ Öffnen Sie die Maske einer Notes Datenbank im Domino Designer.
✓ Wählen Sie den Menüpunkt DESIGN / FORM PROPERTIES.
✓ Aktivieren Sie auf dem Register FORM INFO im Bereich OPTIONS das Kontrollfeld ALLOW AUTOSAVE.

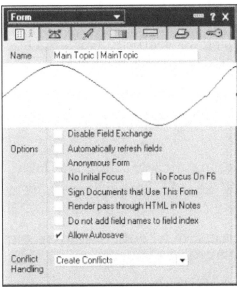

Ausschnitt aus den Maskeneigenschaften

Durch das Hinzufügen des Feldes `$DontAutosave` wird die aktivierte Maskeneigenschaft überschrieben.

Wird ein Dokument durch die Funktion Autosave gespeichert werden keine Dokumentereignisse ausgewertet. So wird zum Beispiel ein im Ereignis POSTSAVE vorhandener LotusScript-

Programmcode nicht ausgeführt. Dies kann zu korrupten Dokumenten führen, die bei der Wiederherstellung Probleme bereiten bzw. sich unter Umständen nicht öffnen lassen. Um diese zu vermeiden, muss der Domino Entwickler entsprechende Routinen in den Ereignissen beim Öffnen eines Dokuments erstellen.

Nach der Einrichtung von Autosave wird in dem Moment, in dem ein Dokument in den Bearbeitungsmodus gesetzt wird ein Timer gestartet. Ist die eingestellte Zeitspanne verstrichen, ohne das das Dokument gespeichert wurde, wird das Dokument in der Datenbank AUTOSAVE automatisch gespeichert. Daneben ist auch das manuelle Aufrufen der Funktion über den Menüpunkt FILE / AUTOSAVE /AUTOSAVE NOW möglich.

Das erfolgreiche Sichern eines sich im Bearbeitungsstatus befindlichen Dokuments wird in der Statuszeile angezeigt:

Autosave complete : New Topic.

Meldung in der Statuszeile nach erfolgreichem Ausführen von Autosave

Nach der Ausführung der Funktion Autosave kann das Dokument im Falle eines Clientabsturzes beim nächsten Start wiederhergestellt werden.

Wird ein Dokument geschlossen, gesendet oder verworfen, wird seine Kopie aus der Datenbank AUTOSAVE entfernt.

Die lokale Datenbank

Die mit der Funktion Autosave gesicherten Dokumente werden in der lokalen Datenbank AUTOSAVE gespeichert. Ist die Datenbank nicht vorhanden wird sie mit der Aktivierung der Funktion automatisch unter Verwendung der Schablone *AUTO-SAVE.NTF* im Verzeichnis *..\notes\data* erstellt. Der Dateiname der Datenbank lautet

as_<AnfangsbuchstabeVorname><Nachname>[<Nummer>].nsf

Ihre Anmerkungen

Wird der Notes Client von mehreren Benutzern mit dem gleichen Datenverzeichnis verwendet und es kommt zu Namenskonflikten wird durch die fortlaufende Nummer am Ende des Namens die Eindeutigkeit hergestellt. Die Zuordnung der Datenbank zu einem Benutzer erfolgt über die Variable AUTO_SAVE_USER der Datei *NOTES.INI* in der Form

```
Auto_Save_User,<AbbreviatedUserName>=<DatabaseName>
```

zum Beispiel

```
Auto_Save_User,Saskia
Straube/hr/fntn=as_SStraube.nsf
```

Die Datenbank ist per Standardeinstellung mit dem mittleren Verschlüsselungsgrad (MEDIUM ENCRYPTION) für den ihr zugeordneten Benutzer verschlüsselt.

Sie können die *NOTES.INI* Variable auch nutzen um andere Einstellungen für die Standardangaben für Dateinamen und Speicherort zu verwenden.

Dokumente wiederherstellen

Wenn die Funktion Autosave eingerichtet ist wird beim Start des Clients geprüft ob sich in der Datenbank AUTOSAVE Dokumente befinden, die wiederhergestellt werden können. Ist dies der Fall, werden Sie nach der Authentifizierung darauf hingewiesen:

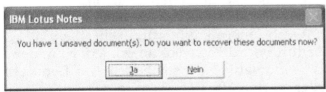

Hinweis auf für die Wiederherstellung vorliegende Dokumente

Bestätigen Sie die Mitteilung mit JA erhalten Sie im Dialogfenster RECOVER UNSAVED DOCUMENTS alle zur Wiederherstellung vorliegenden Dokumente angezeigt.

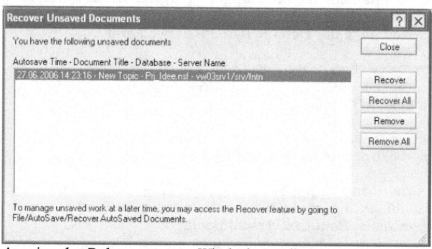

Anzeige der Dokumente zur Wiederherstellung

Sie können ein oder mehrere Dokumente wiederherstellen oder löschen. Der Prozess der Wiederherstellung kann außerdem jederzeit über den Menüpunkt FILE / AUTOSAVE / RECOVER AUTOSAVE DOCUMENTS aufgerufen werden.

Das Deaktivieren der Funktion Autosave in den Benutzereinstellungen verhindert das Wiederherstellen von bereits in der Datenbank AUTOSAVE gespeicherten Dokumenten.

Befindet sich eine Datenbank auf dem Server kann der Wiederherstellungsprozess Konflikte verursachen. Das folgende Szenario zeigt dies exemplarisch: Benutzer A verändert ein Dokument. Bevor er es speichern kann stürzt sein Client ab. Während der Bearbeitung wurde das Dokument jedoch in der Datenbank AUTOSAVE automatisch gespeichert. Bevor Benutzer A seinen Client wieder startet öffnet ein Benutzer B das Dokument in der Datenbank auf dem Server, bearbeitet und speichert es. Startet nun Benutzer A seinen Notes Client, wird er gefragt, ob er das Dokument wiederherstellen möchte.

Beantwortet er diese Frage mit JA, erhält er ein Meldungs-fenster mit dem Hinweis, dass das Originaldokument in der Zwischenzeit verändert wurde, angezeigt.

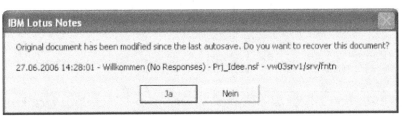

Hinweis auf ein verändertes Dokument bei der Wieder-herstellung

Entscheidet sich Benutzer A dennoch für die Wiederherstel-lung des Dokuments und speichert es anschließend gehen die Änderungen von Benutzer B verloren.

Autosave über Richtlinien steuern

Als Administrator können Sie die Funktion Autosave über eine Richtlinie unter Verwendung eines Desktop-Einstellungsdoku-ments für alle oder ausgewählte Benutzer zentral steuern.

✓ Öffnen Sie im Administrator Client das Register PEOPLE & GROUPS.
✓ Wählen Sie die Ansicht SETTINGS.
✓ Erstellen Sie ein neues oder bearbeiten Sie ein vorhande-nes Desktop-Einstellungsdokument.
✓ Wechseln Sie auf das Register PREFERENCES.
✓ Nehmen Sie die gewünschten Einstellungen auf dem Unterregister BASICS im Bereich BASIC PREFERENCES in den Feldern ENABLE AUTOSAVE und AUTOSAVE ERVERY N MINUTES vor.
✓ Speichern und schließen Sie das Dokument.
✓ Ordnen Sie das Desktop-Einstellungsdokument einer Richtlinie zu.
✓ Bei Verwendung einer expliziten Richtlinie ordnen Sie diese ausgewählten Benutzern zu.

Ihre Anmerkungen

Basic Preferences	
Icon color scheme:	
Empty trash folder:	
Scan for unread:	
Save state on exit:	
Enable AutoSave:	Enable
AutoSave every N minutes:	5 minutes
Lock ID after N minutes of inactivity:	15 minutes
Enable scheduled local agents:	

Konfiguration von Autosave in einem Desktop-Einstellungsdokument

8.3. Weitere Client Funktionen

Fensterstatus beim Schließen speichern

Bei der Arbeit mit Lotus Notes haben Benutzer häufig eine Vielzahl Fenster geöffnet. Wird der Client geschlossen ist es wünschenswert, wenn beim nächsten Start die gleichen Dokumente, Ansichten usw. wieder geöffnet werden.

Über die Funktion Save Window State ist dies in der Version 7 möglich. Sie können die Funktion entweder temporär nutzen oder permanent einstellen.

> ✓ Rufen Sie den Menübefehl FILE / SAVE WINDOW STATE auf um den aktuellen Zustand der geöffneten Fenster zu speichern.

Beim nächsten Start von Windows wird der aktuelle Zustand wiederhergestellt. Über den Menüpunkt FILE / CLEAR SAVED WINDOW STATE ist es möglich, den gespeicherten Zustand zu löschen.

Um die Funktion Save Window State permanent zu aktivieren, nutzen Sie die Benutzervorgaben:

> ✓ Wählen Sie den Menüpunkt FILE / PREFERENCES /USER PREFERENCES.

✓ Aktivieren Sie auf dem Register BASICS im Bereich STARTUP OPTIONS das Kontrollfeld SAVE WINDOW STATE ON EXIT. ✓ Bestätigen Sie die Einstellung mit OK.	Ihre Anmerkungen

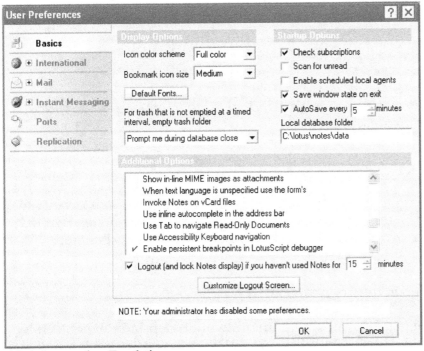

Aktivieren der Funktion

Bei jedem Schließen des Notes Clients wird der aktuelle Zustand gespeichert und beim nächsten Start wiederhergestellt.

Ist die Funktion über die Benutzervorgaben permanent aktiviert, steht der Menübefehl FILE / SAVE WINDOW STATE nicht zur Verfügung.

Analog zur Funktion Autosave kann die Funktion *SAVE WINDOW STATE ON EXIT* über eine Richtlinie unter Verwendung eines Desktop-Einstellungsdokuments zentral gesteuert werden. Die Einstellung befindet sich auf dem Register PREFERENCES,

Ihre Anmerkungen

Unterregister BASICS im Bereich BASIC PREFERENCES im Feld SAVE STATE ON EXIT.

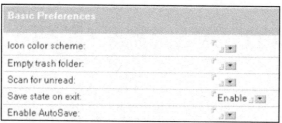

Konfiguration von Save Window State in einem Desktop-Richtlinendokument

Alle Fenster schließen

Als Gegenstück zum Öffnen der Fenster der letzten Arbeitssitzung bietet die Version 7 des Notes Clients ein neues Symbol in der Symbolleiste zum Schließen aller offenen Fenster.

Schließen aller offenen Fenster

Anstelle des Symbols können Sie auch den Menübefehl FILE / CLOSE ALL OPEN WINDOW TABS aufrufen. In beiden Fällen erfolgt eine Abfrage zum Schließen der Fenster.

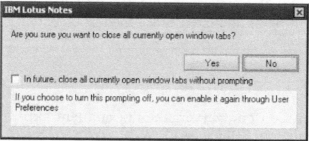

Abfrage zum Schließen der Fenster

Die Abfrage kann durch deaktivieren der Option DO NOT PROMPT WHEN CLOSING ALL CURRENTLY WINDOW TABS unterdrückt werden.

Befinden sich bei Ausführung der Aktion ein oder mehrere Dokumente im Bearbeitungsmodus, erfolgt für jedes einzelne die Abfrage, ob das Dokument gespeichert werden soll.

Bestätigung beim Schließen von Notes

In der Version 7 von Lotus Notes Domino erfolgt beim Schließen sowohl des Notes Clients als auch des Administrator und des Designers Clients eine Abfrage, ob dieser wirklich geschlossen werden soll.

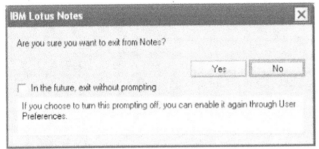

Abfrage beim Schließen eines Clients

✓ Aktivieren Sie das Kontrollfeld IN THE FUTURE, EXIT WITHOUT PROMPTING, wenn die Nachfrage in Zukunft nicht mehr erfolgen soll.

Mit der Aktivierung des Kontrollfeldes wird eine Option in den Benutzervorgaben gesetzt. Über diese können Sie die getroffene Entscheidung nachträglich wieder aufheben.

✓ Öffnen Sie über den Menüpunkt FILE / PREFERENCES /USER PREFERENCES das Dialogfenster USER PREFE-RENCES.
✓ Deaktivieren Sie auf dem Register BASICS im Bereich ADDITIONAL OPTIONS die Option DO NOT PROMPT WHEN EXITING NOTES, DOMINO DESIGNER/ADMINISTRATOR.
✓ Bestätigen Sie die Einstellungen mit OK.

Ihre Anmerkungen

Ihre Anmerkungen

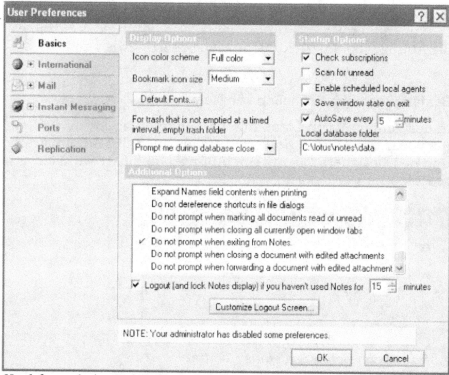

Nachfrage beim Schließen aktivieren

8.4. Zusammenfassen und Vertiefen

Mit Server.Load können Sie für einen Server Belastungstests durchführen um seine Kapazitäten und seine Reaktionszeiten zu testen.

In der Version 7 von Lotus Notes Domino stehen drei neue Skriptbefehle für Server.Load zur Verfügung: `SetReplID`, `DBClose` und CheckForNewMail.

Das Skript *SHSTAT.SCR* erfasst die gesammelten Daten während eines Belastungstests.

Ihre Anmerkungen

Die Funktion Autosave ermöglicht im Falle eines Absturzes des Notes Clients das Wiederherstellen von zu diesem Zeitpunkt bearbeiteten und noch nicht gespeicherten Dokumenten.

Autosave muss in den Benutzervorgaben des Clients und in den Maskeneigenschaften aktiviert werden.

Die Einstellungen in den Benutzereigenschaften werden in den *NOTES.INI* Variablen `Auto_Save_Enable` und `Auto_Save_Interval` gespeichert.

Die verwendete Maskeneigenschaft heißt ALLOW AUTOSAVE.

Das manuelle Aufrufen der Funktion Autosave ist über den Menüpunkt FILE / AUTOSAVE /AUTOSAVE NOW möglich.

Die Datenbank AUTOSAVE wird mit der Aktivierung der Funktion automatisch im Verzeichnis *..\notes\data* erstellt. Der Dateiname der Datenbank lautet *as_<AnfangsbuchstabeVorname><Nachname>[<Nummer>].nsf*

Die Zuordnung der Datenbank zu einem Benutzer erfolgt über eine Variable der Datei *NOTES.INI* in der Form `Auto_Save_User,<AbbreviatedUserName>=<DatabaseName>`

Die für die Funktion Autosave verwendete lokale Datenbank ist verschlüsselt.

Die Speicherung der Dokumente in der Datenbank AUTOSAVE erfolgt in Zeitintervallen oder über den Menübefehl FILE / AUTOSAVE /AUTOSAVE NOW.

Befinden sich Dokumente in der Datenbank AUTOSAVE erhält der Benutzer beim Start einen Hinweis.

Die Wiederherstellung kann beim Start des Clients oder über den Menübefehl FILE / AUTOSAVE /RECOVER AUTOSAVED DOCUMENTS erfolgen.

Die Einstellungen für Autosave können zentral über eine Richtlinie mit einem Desktop-Einstellungsdokument verwaltet werden.

Die Funktion Save Windows State öffnet beim nächsten Start des Notes Clients die zum Zeitpunkt des Beendens geöffneten Fenster.
Save Window State kann permanent über die Benutzerbedingungen oder über den Menüpunkt FILE / SAVE WINDOW STATE aktiviert werden. Bei Aktivierung über die Benutzervorgaben steht der Menübefehl nicht zur Verfügung.

Die permanente Aktivierung von Save Window State kann über eine Richtlinie mittels eines Desktop-Einstellungsdokument erfolgen.

Alle geöffneten Fenster können über den Menübefehl FILE / CLOSE ALL OPEN WINDOW TABS oder über das gleichnamige Symbol in der Symbolleiste mit einer Aktion geschlossen werden.

Beim Beenden eines Clients erfolgt eine Abfrage, ob der Client wirklich geschlossen werden soll.

Sowohl die Abfragen beim Schließen der Fenster als auch der Clients können über die Benutzervorgaben de- bzw. aktiviert werden.

8.5. Übungen

Installieren Sie auf Ihrem Client das Utility Server.Load.

Testen Sie die Funktion Server.Load durch die Ausführung einzelner Befehle im manuellen Modus.

Richten Sie die Funktion Autosave auf Ihrem Client ein. Erstellen Sie eine E-Mail und speichern Sie diese in der Datenbank AUTOSAVE. Führen Sie über den Task-Manager des Betriebssystems einen Clientabsturz herbei. Stellen Sie das Dokument nach dem Neustart des Clients wieder her.

Erstellen Sie auf dem Server eine Datenbank. Richten Sie für eine Maske die Funktion Autosave ein. Vollziehen Sie die im

Kapitel *8.2 Autosave*, Abschnitt *Dokumente wiederherstellen* geschilderte Konfliktsituation nach.

Erstellen Sie ein Desktop-Einstellungsdokument für die Einrichtung der Funktion Autosave. Binden Sie dieses in eine explizite Richtlinie ein und weisen Sie diese ausgewählten Benutzern zu.

Verändern Sie die Einstellung des Desktop-Einstellungsdokuments so dass die Funktion Save Window State permanent aktiviert wird.

Deaktivieren Sie die Nachfragen sowohl für das Schließen aller Fenster als auch für das Schließen der Clients.

Ihre Anmerkungen